JARDIN MAJORELLE 6

Blau, blauer, Majorelle! In diesem Garten leuchtet es aus allen Ecken in den Farben des Himmels

Tipp: Wer den Garten ohne Menschen fotografieren will, muss ganz früh kommen

➤ S. 48

LA MAMOUNIA 7

Es gehört zu den schönsten Hotels überhaupt und beherbergt bis heute die ganz Großen aus aller Welt. Du musst ja nicht hier schlafen. Eine Besichtigung geht auch!

➤ S. 99

MUSÉE YVES SAINT LAURENT 8

Selbst wer sich nicht für Mode interessiert, wird dieses Museum lieben. Ist es doch ultramodern und von YSLs Liebe zu Marrakesch inspiriert

➤ S. 49

TOMBEAUX DES SAADIENS 9

Eine Totenstätte ohne Gruseleffekt, aber mit Aha-Erlebnissen. Die Saadiergräber gehören zu den schönsten Bauten der Stadt

Tipp: Fotografier die Bögen von unten. Dann bekommst du sie ganz aufs Bild

➤ S. 43

ANIMA 10

Bunt und crazy: Der Garten vor den Toren der Stadt ist das Meisterwerk von André Heller, dem Visionär und Kunstfreak. Hier siehst du inmitten üppigster Natur Skulpturen und Spiegel und in Ausstellungsräumen Werke von Keith Haring (Foto)

➤ S. 51

INHALT

BESSER PLANEN MEHR ERLEBEN!

Digitale Extras
go.marcopolo.de/app/mak

	Besuch planen		Bei Regen
€–€€€	Preiskategorien		Low Budget
(*)	Kostenpflichtige Telefonnummer		Mit Kindern
			Typisch

(A2) Herausnehmbare Faltkarte
(a2) Zusatzkarte auf der Faltkarte
(0) Außerhalb des Faltkartenausschnitts

MAR RAKE SCH

INSIDER-TIPP
Deine Abkürzung ins Erleben!
Reisen mit MARCO POLO Insider-Tipps

MARCO POLO TOP-HIGHLIGHTS

DJEMAA EL FNA ★ 1

It's magic! Das Herz der Stadt ist voller Gaukler, Feuerschlucker und Akrobaten, die dich sofort in ihren Bann ziehen

Tipp: Von den Dachterrassen der Cafés rundum hast du den besten Blick aufs Geschehen. Warte bis abends!

➤ S. 30

SOUKS ★ 2

Wenn du in diesem Labyrinth aus quirligen Basargassen nicht dem Kaufrausch verfällst, dann nirgendwo auf der Welt

Tipp: Steht die Sonne ganz oben, fallen Strahlen durch die Ritzen des Dachs und sehen aus wie Stelzen

➤ S. 72, 33

MEDERSA BEN YOUSSEF ★ 3

Marmor, Stuck und Zedernholz: Frisch renoviert erstrahlt Marokkos schönste Koranschule im hellem Glanz

Tipp: Der Blick von oben aus den Studierzimmern ist einmalig

➤ S. 36

DAR CHERIFA ★ 4

Köstlicher Minztee in einem der ältesten, bezaubernd schönen Stadtpalais, dazu moderne Kunst an den Wänden und kulturelle Veranstaltungen am Abend. Perfekter Mix!

➤ S. 39

MAISON DE LA PHOTOGRAPHIE ★ 5

150 Jahre Marrakesch in Schwarz und Weiß, mal groß, mal klein, und das in einem herrlichen kleinen Palais

➤ S. 37

DAS BESTE ZUERST

Spitze! Wie aus feinem Garn gehäkelt ist die Medersa Ben Youssef

BEST OF

BEI REGEN ODER HITZE

SCHÖN BEI JEDEM WETTER

IN ALTEN ZEITEN SCHWELGEN

Marrakesch mal nicht in Farbe: Im *Maison de la Photographie* entführen historische Fotografien in das Stadtleben im frühen 20. Jh. Umso besser, wenn es lange regnet oder zu heiß ist, denn Zeit solltest du dir lassen für diese spannende Zeitreise!

➤ S. 37

TAJINE KOCHEN LEICHT GEMACHT

Es ist immer das richtige Wetter, um dich an den Herd zu stellen und das marokkanische Nationalgericht, die *Tajine* (Foto), kochen zu lernen. Spaß macht das z. B. im *Souk Cuisine.*

➤ S. 68

MEGAMÄSSIG IN KAUFLAUNE?

Das Monster-Shopping-Center *Menara Mall* ist Marrakeschs neueste Indoor-Errungenschaft – natürlich mit Aircondition. Hier kannst du stundenlang bummeln, die Kinder im Spieleparadies abgeben und im Obergeschoss mit herrlichem Blick auf die Dächer Cappuccino trinken.

➤ S. 81

IM DAMPF BADEN

Ein warmes Bad ist immer eine wahre Wohltat. Doch statt einer Badewanne erwarten dich in Marrakesch zauberhafte Hammams: Das sind Dampfbäder, in deren Schwaden du eintauchst und abtauchst, wie im *Mythic Oriental Spa.*

➤ S. 94

RAUS IN DIE BERGE!

Wenn es in Marrakesch nass und grau ist, ist der Himmel in *Oukaimden* im Hohen Atlas meist schon wieder blau! Oder andersrum: Ist es in Marrakesch zu heiß, ist es hier oben in den Bergen schön kühl. Je höher hinauf, desto größer ist der Temperaturunterschied zu Marrakesch.

➤ S. 52

BEST OF

LOW-BUDGET

FÜR DEN KLEINEN GELDBEUTEL

FLANIEREN IM OLIVENHAIN

Der *Jardin Ménara* mit seinem riesigen Wasserbecken und dem malerischen Pavillon gehört zu den wenigen Attraktionen der Stadt, die keinen Eintritt kosten. Ein Picknick unter Bäumen ist ein unbezahlbares Erlebnis.

➤ S. 51

STAUNEN, HÖREN, FEUER SCHLUCKEN

Das großartigste Schauspiel von ganz Marrakesch ist auch das günstigste. Denn ein Besuch des *Djemaa el Fna* (Foto) ist ein buntes und exotisches Gratisspektakel der Extraklasse. Lass dir das auf keinen Fall entgehen!

➤ S. 30

SURFEN UNTER BÄUMEN

Die Stadt hat ohnehin nicht viele Parks, insofern ist jeder einzelne eine Wohltat. Der *Cyber Parc Arsat Moulay Abdeslam* hat jedoch noch einen weiteren Vorteil. Du ahnst es schon… Im Park kannst du im Internet surfen, und zwar kostenlos.

➤ S. 32

KUNST IM ALTSTADTPALAIS

Wenn du im *Dar Cherifa* rund um einen prächtigen Innenhof an Werken marokkanischer und internationaler Künstler vorbeigeschlendert bist, ohne Eintritt zu bezahlen, ist danach noch locker ein köstlicher Minztee im Literaturcafé im Budget drin.

➤ S. 39

ZUM ERSTEN, ZUM ZWEITEN – UND ZUM DRITTEN!

Ab dem späten Vormittag, vor allem aber ab 16 Uhr, wird im *Teppich-Souk* flauschige Auslegware versteigert. Zuschauen kostet nichts! Bauern kommen aus den Bergen hierher, um die von ihren Frauen handgefertigten Teppiche an die Händler zu verkaufen. Ein farbenfrohes Spektakel!

➤ S. 35

BEST OF MIT KINDERN

SPANNENDES FÜR GROSS & KLEIN

STÜRZ DICH IN DIE FLUTEN!

Nirgendwo kannst du dich besser erfrischen als im *Oasiria*, diesem super Aquapark mit Riesenrutschen, Wellenbecken und Piratenschiff. Und damit den Eltern auch nicht langweilig wird, gibt es hier auch Beachvolleyballfelder, Restaurants und Cafés. Perfekt für heiße Tage!

➤ S. 95

AUF DEM WÜSTENSCHIFF REITEN

Du musst gar nicht in die Wüste fahren, um auf einem Wüstenschiff zu reiten. Vor den Stadtmauern nahe des Hotel Mamounia oder im Palmengürtel rund um die Stadt wird *Kamelreiten* (Foto) angeboten. Lass dich auf den beeindruckenden, gut gehaltenen Tieren durchschaukeln!

➤ S. 95

DRECHSLERN ZUSCHAUEN

Da sitzen sie auf dem Boden, treiben mit ihren Füßen eine selbst gebaute Maschine an und drechseln wie die Weltmeister! Die Kleinen bleiben staunend davor stehen, die *Drechsler* machen eine kleine Show, und am Ende bekommt das Kind von ihnen einen Anhänger geschenkt! Kinderliebe ganz groß!

➤ S. 35

IM LAND DER DINOS

Plastikdinos, Fahrgeschäfte, Wasserspiele und Spielplätze: Das *Paloozaland* ist ein kleiner Freizeitpark vor allem für die Kleinen, stadtnah und bequem zu erreichen.

➤ S. 49

BACK TO THE ROOTS

Brotbacken, Holzgeschirr schnitzen, Tajineformen töpfern? Oder willst du lieber Hochseilfahren oder Klettern? Ganz gleich, auf was du Lust hast: Im *Terres d'Amanar* ist alles möglich und ein Riesenspaß für die ganze Familie!

➤ S. 53

BEST OF

TYPISCH

DAS ERLEBST DU NUR HIER

UNTER VOLLDAMPF
Jeden Abend kurz vor Sonnenuntergang werden die *Garküchen auf dem Djemaa el Fna* aufgebaut, dem Herzen von Marrakesch. Vor allem Einheimische genießen für wenig Geld frisch gekochte, einfache Speisen.

➤ S. 57

BLAUER ALS BLAU
Das Blau, das der Maler Jacques Majorelle auf seiner Palette gemixt hat, leuchtet so intensiv, dass der Himmel bei Sonnenschein daneben blass wirkt. Lass dich bei einem Spaziergang im *Jardin Majorelle* (Foto) von der Leuchtkraft der Farbe betören.

➤ S. 48

MINZTEE MIT SCHAUM
Tee wird in Marokko nicht einfach getrunken, sondern zelebriert. Und weil er so eine einzigartige Farbe hat, heißt er auch nicht einfach Tee, sondern *Whisky Marocain*. In aufwendiger Zubereitung wird der heiße Minztee aus großer Höhe in Teegläser geschenkt, sodass möglichst viel Schaum entsteht. Stilvoll kannst du das im Innenhof des *La Maison Arabe* erleben, wo zum köstlichen Tee marokkanisches Gebäck serviert wird.

➤ S. 64

WOHNEN WIE IN 1001 NACHT
In keiner anderen Stadt Marokkos gibt es so viele zu Gästehäusern umgebaute Stadtpalais wie in Marrakesch. Hier hast du die Qual der Wahl unter 1000 *Riads*, eins schöner als das andere.

➤ S. 98

NÄCHTE DURCHTANZEN
Marrakesch ist mehr als märchenhafte Vergangenheit, Marrakesch kann auch topmodern. Zum Beispiel im Szeneclub *Jad Mahal*, wo Orient und Okzident zu einem einzigartigen, faszinierenden Mix verschmelzen.

➤ S. 90

SO TICKT MARRAKESCH

Bommelhüte zur Abkühlung ? Nein, die Herren verkaufen Wasser!

ENTDECKE MARRAKESCH

Garküche an Garküche: Den Djeema el Fna wirst du nicht hungrig verlassen

„Hast du nur noch einen Tag zu leben, dann verbring ihn in Marrakesch" – so heißt eine marokkanische Redensart. Wenn das mal keine Ansage ist! Für Marokkaner ist die Berbermetropole der Inbegriff des Landes: bunt und verrückt, orientalisch, europäisch und afrikanisch, traditionell und modern! Kurz gesagt: Marrakesch ist eine aufregende, anregende Stadt und ganz großes Kino.

IM HERZ DER MILLIONENSTADT

Wer als Besucher nach Marrakesch am Fuß des Hohen Atlas kommt, hat seine eigenen Bilder vom Orient, von Exotik im Kopf. Und wird erleben, dass die Stadt tatsächlich ein wahr gewordener Traum aus 1001 Nacht ist, ein Fest der Sinne, der Farben und Formen, der Düfte und Rhythmen. Beginn deine Entdeckungs-

Ab 2000 v. Chr. Marokko wird von Berberstämmen besiedelt

146 v. Chr. Marokko wird römische Provinz

697 Muslimische Araber erobern Marokko

1070 Gründung der Hauptstadt Marrakesch unter der ersten Berberdynastie Marokkos, den Almoraviden

1147 Beginn der Herrschaft der Almohaden

14. Jh. Marokkos Hauptstadt wird nach Fes verlegt

tour am besten bei Sonnenuntergang am Djemaa el Fna, dem Zentrum der Stadt. Zur blauen Stunde ist das allabendliche Treiben der Schlangenbeschwörer, Affenbändiger, Gaukler, Trommler, Akrobaten und Märchenerzähler besonders eindrucksvoll. Schlender an den unzähligen mobilen Garküchen vorbei, deren aufsteigende Rauchschwaden die Szenerie zu einer fast surrealen Kulisse machen. Du brauchst ja nicht gleich hier zu Abend zu essen, aber probier mal für ein paar Cent eine Harira, und lass dich einfach treiben. Oder betrachte das knallbunte Spektakel aus sicherer Entfernung: In einem der umliegenden Restaurants mit Dachterrasse kannst du bei einem süßen thé à la menthe, dem Nationalgetränk der Marokkaner, ganz entspannt zuschauen. Doch ganz gleich, ob mittendrin oder als Beobachter am Rand: Am Djemaa el Fna schlägt das Herz von Marrakesch, und wer die Stadt erobern will, der fängt genau hier an.

INSIDER-TIPP
Köstliche Suppe im Budenmeer

LEBENDIGER HANDEL IM LABYRINTH DER SOUKS

Komm am nächsten Morgen wieder, wenn es noch angenehm kühl ist. Jetzt ist der Platz nahezu leer. Stärk dich in einem der Straßencafés mit einem Café au Lait oder einem frisch gepressten Orangensaft für den Besuch eines der größten Basare Afrikas, den Souks von Marrakesch. Ob Gewürz- oder Stoffhändler, Teppich- oder Souvenirverkäufer: Jede Branche hat ihr eigenes Quartier. Je weiter du in dieses enge Labyrinth vordringst, desto ursprünglicher und archaischer

1554 Unter den Saadiern wird Marrakesch erneut zur Hauptstadt bis 1667, dem Anfang der alawidischen Herrschaft

1909 Beginn der Protektoratszeit

1956 Marokko wird unabhängig

1999 Inthronisierung von Mohammed VI.

2016 UN-Klimakonferenz (COP22) in Marrakesch

2020 Nach drei Jahren Renovierung wird die Medersa Ben Youssef wiedereröffnet wird es: Kesselschmiede, Schreiner, Drechsler, Schuhmacher, Färber und Gerber – bei all diesen Handwerken und Kunsthandwerken kannst du hautnah die Herstellung beobachten. Dabei ist dies keine Inszenierung für Touristen, sondern eine über Jahrhunderte gewachsene Tradition.

VOM RASTPLATZ DER KARAWANEN ZUR MÄCHTIGEN METROPOLE

Denn die ehemalige marokkanische Hauptstadt war von Anfang an eine Handelsmetropole. Nicht zufällig wurde Marrakesch im 11. Jh. im Zentrum einer Oase inmitten der fruchtbaren Haouz-Ebene an einem strategisch wichtigen Punkt entlang der Karawanenroute zwischen Andalusien und Schwarzafrika gegründet. Hier machten die Karawanen ihre letzte große Rast, bevor sie Richtung Süden über den Hohen Atlas weiterzogen, oder sie ruhten sich auf dem umgekehrten Weg von den Strapazen der Gebirgsüberquerung aus. Egal aus welcher Richtung: Sie mussten die mächtigen Stadttore von Marrakesch passieren. Bis heute kann man im Kasbah-Viertel, aber auch weiter nördlich in der Medina, die Reste dieser Tore erkennen. Und je tiefer du in die Altstadt hineintauchst, desto augenfälliger werden auch der Reichtum und die Macht der strategisch so bedeutsamen Stadt. Zweimal wurde sie gar zur marokkanischen Hauptstadt – im 12. und im 16. Jh. – erklärt. Auch wenn sie diesen Titel jeweils wieder abgeben musste, spiegelt sich der Glanz der bedeutenden Handelsmetropole bis heute in prachtvollen Moscheen, Palästen und Koranschulen wider. So ist die vor knapp 900 Jahren erbaute Moschee Koutoubia immer noch das architektonische Vorbild aller Moscheen des Landes – auch wenn sie erst auf den zweiten Blick ihre wahre Pracht entfaltet.

DIE STADT DER EUROPÄER

Nachdem Marrakesch lange im Schatten der anderen Hauptstädte Marokkos gestanden hatte, gewann sie erst für die französischen Besatzer wieder an Bedeutung. In den 1920er-Jahren gründeten sie eigene Viertel außerhalb der Stadtmauern – Guéliz und Hivernage –, die bis heute das moderne Zentrum von Marrakesch bilden. Eine Zeitlang sah es sogar so aus, als würde die Medina verfallen. Denn als 1956 die Franzosen Marokko verließen, zog es die reicheren Einheimischen vor die Stadttore in die modernen Bauten, nur die Armen blieben in der Altstadt zurück, Bürgerhäuser und Paläste verwaisten.

ZUFLUCHTSORT VON AUSSTEIGERN UND KÜNSTLERN

Dafür entdeckten die Europäer die Medina für sich – Bohemiens und Künstler jeder Couleur, Aussteiger und Hippies machten Marrakesch ab den 1970er-Jahren zu ihrem Sehnsuchtsort. Sie schwärmten von den klaren, kräftigen Farben, der wilden, klangvollen Musik, den lebendigen Menschen. Musiker wie Jimi Hendrix und Crosby, Stills, Nash & Young („Marrakesh Express"), Maler wie Jacques Majorelle oder der Modemacher Yves Saint Laurent entdeckten die verfallenen Paläste und Bürgerhäuser wieder, und schnell sprach sich die Pracht der alten Gemäuer herum. Jugendliche zog es zum südlichsten Punkt, der mit dem Interrail-Ticket erreichbar war, eine Gay-Szene etablierte sich. Sex and Drugs and Marock 'n' Roll war die Devise in den 70er- und 80er-Jahren. Die Häuser in der Medina wurden angemietet, später auch aufgekauft und aufwendig renoviert. 1985 schließlich wurde die Altstadt von Marrakesch mit den angrenzenden Ménaragärten unter den Schutz des UNESCO-Welterbes gestellt. Zu Beginn der 1990er-Jahre entstanden in den renovierten Wohnpalästen Riads, kleine Herbergen, deren Zimmer sich um den charakteristischen Innenhof mit seinem plätschernden Brunnen gruppieren. Sie locken bis heute immer mehr Reisende und Touristen ins Zentrum der Medina.

MEKKA DER SCHÖNEN UND REICHEN

Heute hat sich Marrakesch neben einer Touristenhochburg immer mehr auch zu einem Hotspot des internationalen Jetsets entwickelt, zum Treffpunkt der Schönen und Reichen. Nicole Kidman war eine der Ersten, ihr folgten Katie Perry und Fußballstars wie Cristiano Ronaldo, der auch sein erstes Hotel in Marrakesch eröffnet hat. Sie alle schätzen hier exotisches Flair und orientalisch-üppigen Komfort als malerische Kulisse und Laufsteg für glamouröse Veranstaltungen wie das Filmfestival, hochdotierte Golf-Events oder die Tourenwagen-Weltmeisterschaft. Bei der Siegesfeier oder Vernissage in einer der schicken Galerien fließt dann Champagner und nicht wie in anderen arabischen Ländern üblich alkoholfreies Rosenwasser.

Schiefer Turm von Marrakesch? Nein, das Minarett der Moschee Koutoubia

VON DEN MINARETTEN RUFT DER MUEZZIN

Wer nun aber glaubt, ganz Marrakesch sei eine einzige Partymeile, der irrt. Der westliche Lebensstil mit seinen ausschweifenden Poolpartys in angesagten Clubs ist nur eine Seite der Medaille. Denn wenn fünfmal am Tag von den Minaretten der Ruf des Muezzins erschallt und die Gläubigen zum Gebet auffordert, folgt ihm die Mehrzahl der Bevölkerung. Schließlich sind die Einheimischen, trotz aller westlichen Einflüsse, Muslime. Al Hamdulillah, gepriesen sei Gott, hört man an allen Ecken und Enden. Inscha'allah, so Gott will, werden alle daran erinnert, dass nichts ihrem freien Willen entspringt.

TOLERANZ ALS STAATSANGELEGENHEIT

Und dennoch wird niemand indoktriniert oder aufgrund seiner Religion abgelehnt. Der Islam in Marokko ist Nicht-Muslimen gegenüber extrem aufgeschlossen. Der König kann als oberster Befehlshaber aller Gläubigen neben den politischen Geschicken des Landes auch die religiöse Entwicklung lenken. Als einziges muslimisches Staatsoberhaupt überhaupt hat er eine islamische Gelehrtenschule gegründet, die jeder Imam durchlaufen muss, bevor er an einer Moschee lehren und predigen darf. Wer durch radikales oder gewaltbereites Gedankengut auffällt, der fliegt. So ist Toleranz eine Staatsangelegenheit. Man lebt in der Stadt nicht unbedingt miteinander, aber man lebt extrem gut nebeneinander.

UMWELTSCHUTZ UND HERRSCHAFTSSTIL

Doch wo viel Glanz, da auch viel Schatten! So schießen die Mieten und Grundstückspreise in schwindelerregende Höhen, die Stadt wächst und wächst und wächst. Dass dies auf Kosten der Umwelt, vor allem der Wasserqualität und letztlich auch der Wasserquantität geht, ist klar. Denn nicht nur die Vorortviertel wachsen – auch Golfplätze, große Hotels und schicke Clubs werden aus dem Boden gestampft. Für den Umweltschutz, erst seit jüngster Zeit überhaupt ein Thema in Marokko, engagiert sich der König höchstpersönlich. Und was der anpackt, geht meistens gut. Direkt nach Ausbruch des Arabischen Frühlings, 2011, erließ Mohammed VI. eine neue Verfassung, die auf alle Belange der Opposition im Land einging, und ließ die ersten freien Wahlen abhalten. So ist Marokko heute eins der ganz wenigen arabischen Länder, die eine nahezu westliche Verfassung haben – mit einem frei gewählten Präsidenten.

MARRAKESCHER DASEINSZWECK: LEBENDIGER HANDEL

Nur drei Flugstunden entfernt, betrittst du eine fremde Welt. Aber nicht nur die Stadt ist aufregend, auch die nähere Umgebung, vor allem der Hohe Atlas direkt vor den Toren der Stadt, ist ein hervorragendes Ausflugsziel. Wenn es zu heiß wird, kannst du Ski fahren in den Bergen, rudern und baden in den Stauseen, Wasserfälle und Paradiesgärten bewundern. Sei also willkommen, und lass dich ein auf die Wunder in dieser einzigartigen Stadt!

AUF EINEN BLICK

963.000
Einwohner

Casablanca: 3.700.000

466 m
liegt Marrakesch hoch

München: 519 m

11,3 Mio.
Touristen in Marokko pro Jahr
Die meisten besuchen auch Marrakesch.

Mallorca: 13,8 Mio. jährlich

230 km²
Fläche

Duisburg: 233 km²

HÖCHSTER BERG: DJEBEL TOUBKAL

4.167 m

Zugspitze: 2.962 m

WÄRMSTER MONAT

JULI

bis zu 48°C

BELIEBTESTE REISEZEIT

OSTERN

4 UNESCO-WELTERBESTÄTTEN
Djemaa el Fna, Jardins de l'Agdal und die Ménaragärten. Außerdem steht die Medina als Ganze unter dem Schutz der UNESCO.

VIERTSCHÖNSTER FLUGHAFEN DER WELT

Vor Marrakesch liegen nur Singapur, Hongkong und Doha.

BEKANNESTER EINWANDERER
Yves Saint Laurent

BELIEBTESTER ORT

Jardin Majorelle

MARRAKESCH VERSTEHEN

BERBERCITY

Marrakesch gilt als die Hauptstadt der Berber, da hier ein Großteil der Einwohner berberischen Ursprungs ist. Wer aber sind die Berber, die Marrakesch zu ihrer Hauptstadt auserkoren haben? Tatsächlich ist ihre Herkunft nicht genau geklärt. Sicher weiß man nur, dass Berber der Sammelname für all jene ist, die die Römer vorfanden, als sie im 2. Jh. v. Chr. versuchten, Nordafrika zu erobern.

Der Begriff Berber stammt vom lateinischen Wort für „stammeln" ab und bezeichnete im alten Rom all diejenigen, die kein Latein sprachen. Also eine wenig schmeichelhafte Bezeichnung, weshalb sich die Berber lieber *Amazirin*, was so viel wie „freie Menschen" heißt, nennen. Da sich mit der Zeit Berber und Araber immer mehr durchmischt haben, ist es heute gar nicht einfach, beide Volksgruppen voneinander zu unterscheiden. Sozial sind die Berber den Arabern gleichgestellt, sodass es außer der Sprache kaum noch Unterscheidungsmerkmale zwischen ihnen gibt.

EIN MONAT ENTHALTSAMKEIT

Wer nach Marrakesch reist, sollte sich ernsthaft überlegen, ob er dies wirklich im Fastenmonat Ramadan macht. Denn der neunte islamische Monat, der sich Jahr um Jahr um zehn Tage nach vorne verschiebt, ist eine Zeit der Rückbesinnung und des Verzichts. Gläubige Marokkaner fasten dann von Sonnenauf- bis Sonnenuntergang. Das kann übrigens gerade in den Sommermonaten eine sehr lange Zeit sein.

Denn Fasten bedeutet im Islam nicht einfach nur den Verzicht auf Essen, sondern auch auf Trinken, Sex und Rauchen. Dementsprechend sind die meisten Restaurants und Cafés während des Ramadans tagsüber geschlossen, viele Museen und Paläste haben stark reduzierte Öffnungszeiten, und die Stimmung im Land ist deutlich angespannter als im restlichen Jahr. Mach dich also darauf gefasst, dass dir Einheimische dann auch mal ungeduldig und gereizt begegnen können. Wer also die Wahl hat, sollte seine Reise auf die restlichen elf Monate verlegen.

FRAUENPOWER

Schon immer hatten Marokkos Frauen innerhalb der muslimischen Welt einen Sonderstatus – denn in kaum einem anderen muslimischen Land gab es so viele einflussreiche Frauen wie hier. Bis heute ist Marokko auch eins der ganz wenigen arabischen Länder, in denen Frauen zumindest vor dem Gesetz die exakt gleichen Rechte haben wie Männer.

Dass Marrakesch als Trendmetropole auch hier die Nase vorn hat, beweist Fatima-Zahra Mansouri, die 2009 mit nur 33 Jahren Bürgermeisterin von Marrakesch wurde. Die Rechtsanwältin aus gutbürgerlicher Familie war

Film ab! Wer Farben und Action liebt, zückt auf Marrakeschs Märkten verzückt die Kamera

damit die erste Frau des Landes, die eine so große und wichtige Stadt regierte. Sie tat es mit großem Erfolg: Während ihrer sechsjährigen Amtszeit stiegen die Einnahmen der Stadt um stolze 40 Prozent. Sie flossen ausnahmslos in die Infrastruktur der Stadt sowie in die Schaffung von Arbeitsplätzen – und nicht in ihre privaten Taschen, wie bei so manch einem ihrer Vorgänger!

GEDREHT IN ...

Spätestens seit dem Spielfilm „Marrakech" (1999) mit Kate Winslet ist klar: Die Berbermetropole gibt eine hervorragende Filmkulisse ab. Sie ist exotisch, hat unglaublich schöne Plätze und Paläste, das Wetter ist fast immer gut, das Licht vor allem in den Wintermonaten großartig, die Menschen sind offen und freundlich, die Behörden sind kooperativ, und außerdem verfügt die Stadt über die notwendige Infrastruktur, die eine Filmcrew braucht, sprich: Luxushotels für die Stars und Sternchen und jede Menge toller Komparsen.

Schon 1930 drehte hier Josef von Sternberg das Drama „Morocco" – mit Gary Cooper und Marlene Dietrich in den Hauptrollen. Die Liebesgeschichte um die junge Nachtclubsängerin Amy Jolly, die in Marrakesch lebt und arbeitet, führt durch ganz Marokko. Ein handfester Krimi ist dagegen Alfred Hitchcocks Filmklassiker „Der Mann, der zu viel wusste" (1955) mit Doris Day und James Stewart in den Hauptrollen.

Auch die Komödie „Sex and the City II" (2010) – laut Drehbuch spielt die Serie aber in Abu Dhabi – und Oliver Stones Monumentalfilm „Alexander" (2004) mit Colin Farrell als Alexander der Große und Angelina Jolie in der weiblichen Hauptrolle wurden zum Großteil in Marrakesch gedreht.

derschaften. Fast alle präsentieren sich der Öffentlichkeit als Künstler und Artisten. Mitglieder der Gnaoua zum Beispiel, einer Sufi-Bruderschaft, tragen auf dem Kopf einen Fes mit Bommel, den sie im Kreis drehen und

Kopf hoch: Die Kobra „tanzt" zur Musik eines Schlangenbeschwörers, ist aber taub

GAUKLER & GEISTER

Tänzern und Sängern, Gauklern und Feuerspuckern zuzusehen ist ein großer, farbenfroher Spaß. Wer ihre Künste bewundert, ahnt wohl nicht, dass sie viel mehr als nur der Unterhaltung dienen, sondern für Marokkaner eine tiefe Bedeutung haben. Mit ihrer Kunst versuchen sie Geister zu beruhigen oder abzulenken, sodass von Geistern Besessene sich wieder befreien und durchatmen können. In Marokko existieren einige große sowie zahlreiche kleinere mystische Bru-

dazu Geisterbeschwörungslieder singen. Auch die Hamandscha singen und tanzen, beten dabei und sammeln danach Geld ein. Als Tourist kann man das einfach nur pittoresk finden – wir glauben ja auch nicht an Geister, oder doch?

LIEBLING DER STARS

Hollywoodgrößen wie Tom Cruise, Nicole Kidman und Angelina Jolie lieben Marrakesch. Aber nicht nur sie. Fußballstar Cristiano Ronaldo hat sein eigenes Hotel in der roten Stadt bauen lassen, und andere Superstars verbringen hier immer mal wieder ein Wochenende. Mediamarkt-Gründer Walter Gunz lebt seit Jahren in der Berbermetropole, und auch der französische Modemacher Yves Saint Laurent hat hier seine letzten Lebensjahre verbracht.

Marrakesch ist die In-Metropole Afrikas und weltweit eine der beliebtesten Destinationen der ganz Großen. Während sich die Oberen Zehntausend in ihren Heimatländern meist verstecken und ihre Villen abriegeln, kannst du in Marrakesch mit etwas Glück aber schon mal den ein oder anderen Blick auf einen internationalen Star erhaschen, z. B. im Luxusresort *Amanjena* oder an der Bar des Hotel *La Mamounia*.

M6

Die Marokkaner lieben ihren König, den sie M6 (sprich: Emm Siss, von Mohammed VI.) nennen. Und der König liebt Marrakesch. Auch wenn der offizielle Regierungssitz in Rabat liegt, so ist Marrakesch doch die heimliche Hauptstadt des Landes. Der König ist in jeder freien Minute hier, und ihm folgen sie alle.

Seit der Unabhängigkeit 1956 ist die Monarchie fest in Marokko etabliert. Und auch wenn der Regierung vorgeworfen wird, dass sie korrupt sei, zu wenig gegen die hohe Arbeitslosigkeit unternehme und in Giftmüllskandale verwickelt sei, wird es wohl kaum einen Marokkaner geben, der die Monarchie an sich in Zweifel zieht. Denn der 1963 geborene und seit 1999 regierende König gilt als Wohltäter des

KLISCHEE KISTE

LAND AUS 1001 NACHT

In Marrakesch werden Träume wahr, Träume aus 1001 Nacht. So weit ist das gar nicht hergeholt, denn die Stadt verzaubert mit ihren orientalischen Basaren und märchenhaften Palästen. Und am Abend fasziniert der malerische Gauklerplatz mit seinen Geschichtenerzählern, Akrobaten und Künstlern. Doch das bedeutet nicht, dass das Leben hier nicht hart sein kann. Vor allem für diejenigen, die wenig Geld oder keinen Job haben. Denn Marrakesch ist – dank seiner Beliebtheit – eine der teuersten Städte des Landes. Viele Marokkaner können es sich gar nicht mehr leisten, hier zu leben.

KÖNIGE DER STRASSE

Natürlich gibt es in Marrakesch auch Autos, Fußgänger, Radfahrer, Busse, sogar Kutschen, Esel und Pferde. Aber wer sind die alle schon im Vergleich zu den Mopeds, den einzig wirklichen Königen der Straße: Sie kommen überall durch, auch dort, wo es kein Auto hinschafft. Sie schlängeln sich durch Minigassen, gondeln durch Fußgängerzonen und mogeln sich vorbei an Autos an der Ampel, und zwar sowohl von rechts als auch von links. Dass sie nicht auch noch über die Autos rüberfahren, liegt allein am fehlenden Antrieb.

Landes. Seit Mohammed VI. sich mehr und mehr auch um die Belange der armen Bevölkerung kümmert und politische Verantwortlichkeiten abgibt, verstummen auch die Königskritiker immer mehr.

MAROCK 'N' ROLL

Claude Challe? Nie gehört. Vielleicht kennst du seinen Namen nicht, aber bestimmt kennst du seine Musik. Denn der 1945 geborene Tunesier mit französischem Pass ist der wohl bekannteste DJ für Oriental-Modern-Mix. Auf ihn geht die Musik der Buddha-Bars weltweit zurück. Zig Alben hat er auf den Markt gebracht, in zahlreichen Lounges auf der ganzen Welt wird seiner Musik gelauscht. Was das mit Marrakesch zu tun hat? In keiner anderen Stadt ist die Musik des bekannten DJs so präsent wie hier. Ganz gleich, ob du in die *Buddha Bar* gehst oder in eine der anderen großen Bars: Challe schallt durch die Nacht.

RASCHWA

Korruption ist ein marokkoweites Phänomen, das vor allem in Marrakesch sein Unwesen treibt. Der Kampf gegen *Raschwa* – so das marokkanische Wort für Korruption – scheint einer gegen Windmühlen zu sein, denn solange die Oberen Zehntausend von diesem System profitieren, kann es selbst ein König nicht abschaffen – auch wenn dies erklärtes Ziel von Mohammed VI. ist. Hier ein paar Dirham, und man darf über eine rote Ampel fahren, dort ein paar Tausend Dirham, und man bekommt seine Konzession für ein Riad, das gar keins sein darf. So einfach ist das. Dabei wären Schmiergelder gar nicht notwendig, denn Marrakesch geht es wirtschaftlich gesehen weit besser als den meisten anderen Städten Marokkos. Die immensen Einnahmen aus dem Tourismus werden geschickt in die Stadtentwicklung gesteckt, um erst gar keine Slums entstehen zu lassen, wie es sie etwa in Casablanca gibt. So sollen vom Tourismus unabhängige Arbeitsplätze für die Einheimischen entstehen. Denn wie unsicher diese Einnahmen sind, zeigte sich, als 2011 eine Bombe auf dem Djemaa el Fna in die Luft ging. Der Terroranschlag forderte nicht nur 17 Menschenleben, von einem Tag auf den anderen verloren auch Tausende Menschen ihren Arbeitsplatz, weil erst mal die Touristen ausblieben.

SOUNDS OF MARRAKESCH

Wer lärmempfindlich ist, wird es in Marrakesch nicht wirklich leicht haben – zumindest nicht in der Medina. Denn in den Häusern der Altstadt sind die Fenstergläser meist sehr dünn, die Wände hellhörig, und gerade wer in einem Riad übernachtet, wird von der Akustik der Innenhöfe beeindruckt sein, zumindest dann, wenn viele Gäste da sind. Hinzu kommt, dass der Muezzin schon früh am Morgen die Gläubigen zum Gebet ruft, und wer danach endlich wieder eingeschlafen ist und ein Fenster zur Gasse hinaus hat, wird die Müllsammler hören, die mit Eseln und Maultieren durch die Medina laufen und die Abfälle einsammeln. Wenn du jetzt aber glaubst, Lärm gäbe es nur am Morgen und in der

Magische Hände: Hennamalereien verleihen angeblich überirdische Kräfte

Nacht, dann irrst du dich gewaltig. Auch tagsüber ist immer überall Krach. Mopeds knattern rechts und links an den Passanten vorbei, Autos hupen wild, und Lastenträger mit Eselskarren rufen jedem, der ihnen in die Quere kommen sollte, ein lautes *Ballak* – „Aus dem Weg!" – zu.

Wer sich also nach Ruhe sehnt, muss sie gezielt suchen. Er findet sie tagsüber in den Innenhöfen der Riads, wenn die meisten Gäste ausgeflogen sind, in manchen Cafés und in vielen Gärten und Parks der Stadt. An solchen Orten kann die Ruhe dann auch schon mal überwältigend sein. Und bald schon stellt sich eine Sehnsucht ein – nach Lärm und Krach und Hektik. Denn schließlich bist du ja nicht nach Marrakesch gekommen, um dich auszuruhen und die Stille zu genießen – oder?

TATTOOS

Überall in Marrakesch, vor allem aber in der Medina rund um den Platz Djemaa el Fna, sitzen sogenannte *Hinnaya*, Hennamalerinnen, die filigrane Muster auf Frauenhände und -füße malen. Dafür werden die Blätter der Hennapflanze getrocknet, dann zermahlen und schließlich mit Zitronensaft und Zucker vermischt.

Der grüne Brei wird häufig mit Einwegspritzen auf die Haut aufgetragen. Die kunstvollen Verzierungen sollen die Frauen nicht nur schmücken, sondern ihnen angeblich auch überirdische Kräfte verleihen, sogenannte *Baraka*. Schließlich war Henna die Lieblingspflanze des Propheten Mohammed. Ist die Paste getrocknet, wird sie abgebröselt, die Malereien darunter halten aber mehrere Wochen auf der Haut.

SIGHT SEEING

Lust auf herrliche Paläste, Moscheen, Koranschulen und Museen? Dann tauch ein in die quicklebendige Altstadt von Marrakesch. Innerhalb der 19 km langen Lehmmauer, die die Medina umgibt und von der Neustadt trennt, kannst du stundenlang durch Gassen schlendern, immer wieder in kleine Cafés einkehren und in den Läden der größeren und kleineren Souks einkaufen.

Natürlich gibt es auch Sehenswürdigkeiten: Doch seien wir mal ehrlich: So viele sind das gar nicht. Klar sind sie beeindruckend, schön

Sauer macht glücklich: Orangenduft in den prächtigen Innenhöfen des Palais de Bahia

und einmalig. Und natürlich sollte sie jeder, der in Marrakesch ist, auch sehen. Der wirkliche Zauber der Millionenstadt liegt aber nicht in den Baudenkmälern, sondern in der lebendigen Atmosphäre. Denn in Marrakeschs Medina wird vor allem eins: gelebt. So ist die Altstadt ein genialer Mix aus Alltagskultur, Menschengewimmel und beeindruckender Architektur. In den Szenevierteln Guéliz und Hivernage in der Neustadt lernst du dagegen das moderne, trendige Marrakesch kennen.

DIE STADTVIERTEL IM ÜBERBLICK

MARCO POLO HIGHLIGHTS

★ **DJEMAA EL FNA**
Am großen Gauklerplatz tobt Abend für Abend das Leben ➤ S. 30

★ **MUSÉE YVES SAINT LAURENT**
Das jüngste Museum von Marrakesch steht ganz im Zeichen des berühmten Modemachers ➤ S. 49

★ **DAR CHERIFA**
Im schönen Literaturcafé finden tolle Ausstellungen statt ➤ S. 39

★ **SOUKS**
Einzigartig in ihrer Vielfalt: die Märkte von Marrakesch ➤ S. 33

★ **MEDERSA BEN YOUSSEF**
Wunderschöne, filigrane Koranschule aus dem 16. Jh. ➤ S. 36

★ **MAISON DE LA PHOTOGRAPHIE**
Großartiges Fotomuseum mit Schwarz-Weiß-Aufnahmen aus 150 Jahren Marrakesch ➤ S. 37

★ PALAIS EL BADI
Gigantischer Palast, von dem heute nur noch die Grundmauern stehen. Bei Konzerten und Filmfestspielen erwacht er zu neuem Glanz ➤ S. 42

★ TOMBEAUX DES SAADIENS
Die Saadiergräber sind eine riesige Totenstadt mit prachtvollen Gräbern ➤ S. 43

★ JARDIN MAJORELLE
Ein Traum aus Blau und Grün: der schönste aller Gärten in Marrakesch ➤ S. 48

★ ANIMA
Am Fuß des Hohen Atlas verschmelzen Kunst und Natur zu einem einzigartigen Spektakel ➤ S. 51

ZENTRALE MEDINA

(🕮 a-d 3-4) **Die zentrale Medina ist der Rhythmusgeber der Stadt. Dabei ist sie im Vergleich zu den anderen Vierteln relativ klein.**
Im Groben umfasst sie nur wenige Sehenswürdigkeiten, darunter sind aber zwei, die es in sich haben: der zentrale Platz *Djemaa el Fna* und die Moschee *Koutoubia*.

1 DJEMAA EL FNA ★

„Wenn du nur noch einen Tag zu leben hast – verbringe ihn in Marrakesch. Und wenn du nur noch eine Stunde zu leben hast – verbringe sie auf dem Djemaa el Fna." Das marokkanische Sprichwort bringt die Bedeutung des weitläufigen Platzes in der Medina, der das Zentrum von Marrakesch bildet, auf den Punkt: Er ist ein magischer Ort, der für die ganze kulturelle Vielfalt Marokkos steht.

WOHIN ZUERST?

Der **Djemaa el Fnaa** *(🕮 c-d 3-4)* ist idealer Ausgangspunkt für eine Stadterkundung, denn hier schlägt das Herz von Marrakesch – vor allem in den frühen Abendstunden, wenn die Menschen zusammenströmen, um das Spektakel der Gaukler, Tänzer und Musiker zu erleben. Außerdem liegen vom Platz aus alle Sehenswürdigkeiten der Medina in Laufnähe.

Dabei ist der Djemaa el Fna zunächst einmal nur ein großer Platz – zumindest tagsüber, wenn sich auf ihm nur ein paar Orangensaftverkäufer, einige Hennamalerinnen, vielleicht sogar hin und wieder ein Wasserverkäufer verlieren. Aber sobald die Sonne hinter dem Horizont verschwunden ist, füllt sich das Areal mit Menschen, die ihre mobilen Garküchen aufbauen, mit Straßenhändlern, die ihre Waren auslegen, mit Tänzern, Akrobaten und Sängern, die ihren Auftritt vorbereiten, und mit Geschichtenerzählern, die nach Zuhörern rufen. Rauchschwaden steigen auf, der Duft von Gegrilltem und frisch Gebratenem erfüllt die Abendluft. Und dann geht es plötzlich los: An allen Ecken und Enden beginnt das Spektakel gleichzeitig. Akrobaten und Feuerschlucker buhlen um Aufmerksamkeit, Erzähler rufen ihre Geschichten in die Menge, Schlangen winden sich zum monotonen Klang der Flöten, Trommeln und Lauten ertönen, Glücksspieler sprechen Passanten an, Musik schallt aus den Boxen, und an den Garküchen rufen Köche ihre Spezialitäten aus. Immer mehr füllt sich der Platz, er brummt und bewegt sich, als wäre er ein Lebewesen, und zieht jeden, der sich ihm nähert, in den Bann.
Djemaa el Fna heißt übersetzt Platz der Zerstörung, und auch wenn unklar ist, zu welchem Zweck er ursprünglich erbaut wurde, sicher ist, dass er früher auch als Gerichtsplatz und Kriegsparadeplatz diente. Paradoxerweise ist hier das pralle Leben zu spüren! So verwundert es auch nicht, dass die UNESCO 2001 eigens für den Djemaa

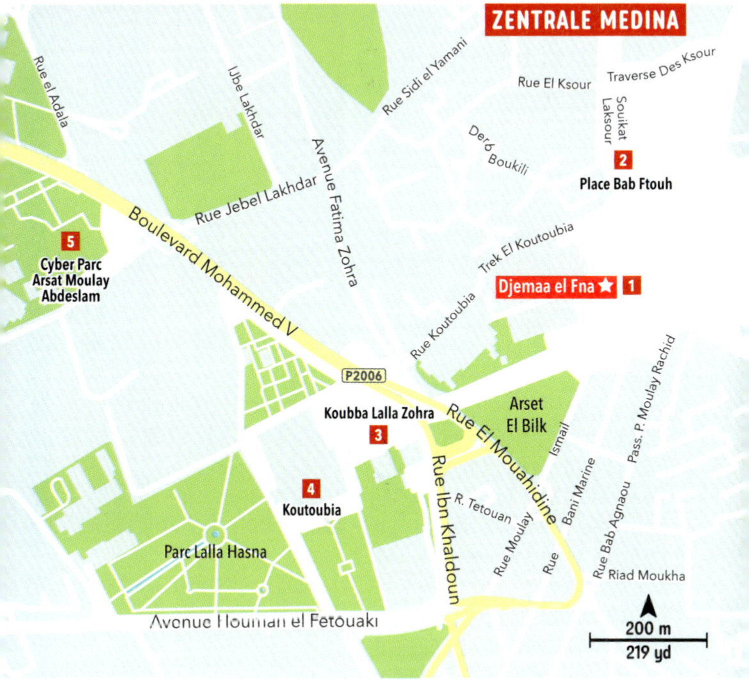

el Fna einen neuen Titel geschaffen hat: „Meisterwerke des mündlichen und immateriellen Erbes der Menschheit". Der Schutz der UNESCO kam gerade rechtzeitig. Denn immer wieder gab es Pläne in Marokko, den sogenannten Gauklerplatz umzustrukturieren, gar einen Parkplatz aus ihm zu machen. *c-d 3-4*

2 PLACE BAB FTOUH

Auf dem kleinen Platz nördlich des Djemaa el Fna werden seit langer Zeit Teekannen und Antiquitäten verkauft. Er wird von Handelskontoren gesäumt, die teilweise über 500 Jahre alt sind und Stück für Stück wieder restauriert wurden. Schau also ruhig mal in die Hinterhöfe hinein – du wirst tolle Entdeckungen machen. *d3*

3 KOUBBA LALLA ZOHRA

Der weiße, fast quadratische Bau steht ziemlich unbeachtet auf einem Platz vor der Koutoubia. Das kleine Mausoleum ist Lalla Zohra gewidmet, der Tochter eines religiösen Führers aus dem 17. Jh., die bis heute als Heilige verehrt wird. Deshalb pilgern auch immer wieder Frauen hierher, legen ihre Hände auf die Mauer der Grabstätte und hoffen so auf die Segenskraft der Heiligen, die ihnen Fruchtbarkeit bescheren soll. Wenn du dich in den Schatten der nahen Bäume setzt und auf den Kubus achtest, siehst du dort vielleicht Frauen mit einem Lächeln im Gesicht. *Av. Mohammed V* | *b4*

4 KOUTOUBIA

Als Nichtmuslim darfst du die Moschee nicht betreten, auch aufs Minarett darfst du nicht steigen. Aber auch von außen ist sie ein echter Hingucker – vor allem dank ihres fast 70 m hohen Minaretts, das als Wahrzeichen von Marrakesch gilt. Wenn du den Kopf in den Nacken legst und hochschaust, entdeckst du im oberen Drittel des Minaretts schöne Keramikkacheln, pyramidenförmige Zinnen und an der Spitze vier goldene Kugeln. Jede Seite des Gebetsturms ist anders gestaltet – mal mit drei Rundbögen, mal mit nur einem. Die Schächte des Minaretts sind als Lichtquellen konzipiert, denn im Inneren führt eine Rampe nach oben, die dem Muezzin vorbehalten ist, der von hier oben zum Gebet ruft. Mit seinem quadratischen Grundriss gilt die im späten 12. Jh. vollendete Koutoubia, deren Name daher stammt, dass hier einmal der Buchhändler-Souk (*Koutoubia* heißt Buchhändler) angesiedelt war, als Mutter aller Moscheen: Nach ihrem Vorbild werden bis heute die Moscheen Marokkos errichtet. Sie ist der wichtigste Gebetsort der Stadt, wo bis zu 25 000 Gläubige Platz finden. Lust auf ein bisschen Erholung? Westlich der Moschee erstreckt sich der wunderbar ruhige *Koutoubia-Garten* bis zur Stadtmauer. Hier entspannst du mit Blick auf den sakralen Meisterbau – ohne Eintritt zu zahlen.

INSIDER-TIPP
Sightseeing mit Wellness-faktor

Av. Mohammed V, Höhe Djemaa el Fna | *45 Min.* | *b4*

5 CYBER PARC ARSAT MOULAY ABDESLAM

Der zwischen Stadtmauer und Koutoubia hinter dem Büro der Telekom gelegene Park ist einer der beliebtesten Orte für junge Marokkaner. Hier treffen sie sich gern zu einem unverbindlichen Techtelmechtel – oder nutzen das kostenlose WLAN, das vor allem rund um den Telekom-Pavillon zu finden ist. Die Grünfläche mit Springbrunnen, großen Bäumen, außergewöhnlichen Pflanzen und gelegentlichen Open-Air-Ausstellungen ist ein Projekt der *Fondation Mohammed VI pour la Protection de l'Environnement* – einer Umweltorganisation, die unter der Schirmherrschaft des Königs steht und sich u. a. für den Erhalt der Natur innerhalb der Städte einsetzt. *Av.*

Chaos? Nee, alles in Ordnung: Stürz dich ins Gewimmel und Geschiebe der Souks

Mohammed V, gegenüber dem Ensemble Artisanal | a3

NÖRDLICHE MEDINA

(a–e 1–3) **Die nördliche Medina ist ein Eldorado für Shoppingfans.** Hauptanziehungspunkt sind die Souks, aber auch der Flohmarkt am Bab el Khemis hat seine Fans. Ruhiger geht es in den vielen Wohnvierteln der nördlichen Medina zu, in den autofreien Gassen und auf den kleinen, verwinkelten Plätzen.

6 SOUKS ★

Der Duft von frischer Minze, von neuem Leder, von köstlichem Grillfleisch weht durch die labyrinthischen Gassen des Basars, Verkäufer preisen lautstark ihre Stoffe, Lampen, Gewürze, Schuhe und Taschen an, ein Gewimmel aus Menschen schiebt sich an den Ständen vorbei. Ganz klar: Neben dem Djemaa el Fna sind die Souks von Marrakesch der größte Magnet der Stadt. Was auf den ersten Blick wie ein einziges Chaos wirken mag, ist in Wirklichkeit ein gut organisiertes Händlersystem, in dem alles seine Ordnung hat. Die Souks, oder auch der Souk (auf Deutsch: Markt) genannt, sind wie eine Stadt in der Stadt: ein ganzes Viertel mit Tausenden von Geschäften, mit eigenen Moscheen, eigenen Hammams, eigenen Banken und sogar einer eigenen Gerichtsbarkeit – was übrigens für alle Souks in der muslimischen Welt gilt. Traditionell sind im Souk die Gewerbe streng voneinander getrennt. So gibt es einen Schuh-Souk, einen Stoff-Souk, ei-

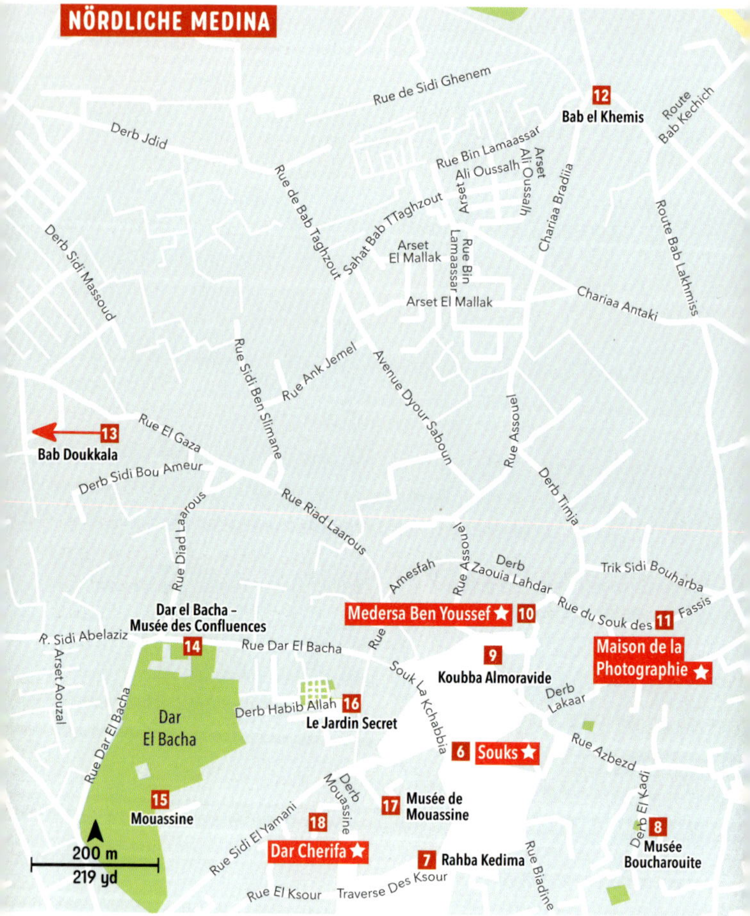

nen Möbel-Souk und natürlich einen Lampen-Souk (daher auch der Plural). Je mehr Touristen sich aber durch die Gassen schieben, desto stärker vermischt sich das, doch im Großen und Ganzen ist dieses System auch im Marrakescher Souk zu finden. Seine Hauptadern sind zwei Straßen, die sich vom Djemaa el Fna nach Norden ziehen: Die rechte (östliche), die Rue Souk el Semarine, mündet in den Souk el Kebir, den großen Souk. Von ihr geht die Rue Souk el Attarine ab, die vorbei an den Eisenwaren- und Lederwarenhändlern zum Viertel Dar el Bacha führt. Dahinter befinden sich die Handwerker, denen man bei der Arbeit zusehen kann. Sie klopfen und hämmern, sägen und klappern mit ihren alten Nähmaschinen.

Besonders schön ist es, vor allem für Kinder, den Drechslern zuzuschauen, die auf dem Boden sitzen und mit ihren Füßen ihre Maschine antreiben, um Anhänger und Holzgriffe zu fabrizieren. Und dazwischen erstreckt sich ein Labyrinth aus zig Verbindungsgassen. Verlaufen kann man sich trotzdem nicht, denn irgendwann kommt die nächste große Soukgasse. Und wenn doch nicht? Dann drehst du dich einfach um und findest von ganz allein den Weg. *Nördlich vom Djemaa el Fna* | *1 Tag* | *d2–3*

7 RAHBA KEDIMA

Der frühere Sklavenmarkt von Marrakesch, heute auch unter dem Namen Gewürzmarkt *(Marché des épices)* bekannt, ist ein hübscher kleiner Platz mitten in den Souks. Von einem der netten Cafés rund um den Platz aus kannst du gut das geschäftige Treiben beobachten. Am Rahba Kedima verkaufen Frauen auch selbst gestrickte Mützen für nur 1 bis 2 Euro und geflochtene Körbe – eine Seltenheit in Marrakesch, wo der Souk-Verkauf sonst eine Männerdomäne ist. Direkt um die Ecke finden beim *Teppich-Souk* jeden Tag ab dem späten Vormittag, vor allem aber ab 16 Uhr, Versteigerungen statt – ein Spektakel, bei dem du zwar nicht kaufen, aber kostenlos zuschauen kannst. *d2*

INSIDER-TIPP
Kopfwärmer & Körbe

8 MUSÉE BOUCHAROUITE

Teppiche sind zum Drüberlaufen da, oder? In diesem kleinen Museum nicht, hier sind sie Objekte der Anschauung. Im Mittelpunkt stehen Boucharouite-Teppiche, Flickenteppi-

Haufenweise Geschmacksverstärker, aber gesund: Gewürzberge auf dem Rahba Kedima

che, deren Fäden aus alten Stoffen und gebrauchter Kleidung gerissen wurden. Aus materieller Not geboren, sind so unter den Händen der Knüpferinnen und Weberinnen kleine, verrückt gemusterte Meisterwerke entstanden.

INSIDER-TIPP
Das ist die Story

Patrick, der Gründer und Besitzer des Museums, ist häufig da und kann dir die Geschichten der einzelnen Teppiche erzählen. Auch kleine Infotafeln informieren über die Symbole und Farben der Werke. *Sept.–Juli Mo–Sa 9.30–18 Uhr | Eintritt 40 DH | 107, Derb el Cadi | Azbezt | Facebook: musee.boucharouite | ⏲ 2 Std. | 🕮 e2*

9 KOUBBA ALMORAVIDE

Die Koubba (Kuppel), ein kleiner, quadratischer Bau, ist der Brunnen einer großen Badeanlage aus dem 12.Jh., die zur Moschee gegenüber gehört hat. Sie wurde erst 1948 entdeckt und freigelegt. Obwohl sie zurzeit renoviert wird, lohnt zumindest ein kurzer Blick darauf. Der 1117 gebaute Brunnen ist das älteste Bauwerk überhaupt, das Marrakesch zu bieten hat. *Zurzeit wegen Renovierung geschl. | Place Ben Youssef | 🕮 d1*

10 MEDERSA BEN YOUSSEF ★

Der Regisseur von „Marrakesh", Gillies MacKinnon, hätte sich keinen besseren Ort aussuchen können, an dem seine Protagonistin Julia (Kate Winslet) zum Islam konvertiert, nachdem sie auf ihrer Suche nach spiritueller Inspiration nach Marrakesch kommt. Auch wenn die Koranschule bei den Dreharbeiten 1999 noch nicht reno-

Das traditionelle Marokko in Schwarz-Weiß: Im Fotografiemuseum zieht es an dir vorbei

viert war und so im Film die Pracht nur zu erahnen ist, war der Ort nicht zufällig gewählt. Denn die Medersa Ben Youssef ist nicht nur Marrakeschs schönste und wichtigste Koranschule, sondern auch eins der schönsten Gebäude der Stadt überhaupt.
Schau mal in den Innenhof: Der Fußboden ist mit Carrara-Marmor ausgelegt, die Wände zieren filigrane *zellijs* (Stuckarbeiten) und Kachelornamente, die Pfeiler sind aus Zedernholz in schönster Präzision geschnitzt. Im oberen Stockwerk lebten und lernten bis zu 900 Studenten in kleinen Studierzimmern. Der ursprüngliche Bau stammt noch aus merinidischer Zeit, also aus dem 14. Jh. Doch wurde er 1565 grundlegend erneuert, sodass alles, was heute in der Schule zu sehen ist, aus saadischer Zeit stammt. *Bei Redaktionsschluss wegen Renovierung geschl. | tgl. 9–17.45 Uhr | Eintritt 70 DH | Place Ben Youssef, Rue Baroueddine | medersa-ben-youssef.com | 1–2 Std. | d-e1*

11 MAISON DE LA PHOTOGRAPHIE ★

Der Franzose Patrick Manac'h war schon mit 17 Jahren ein leidenschaftlicher Sammler und begann, Fotos aus dem 19. und frühen 20. Jh. zusammenzutragen: marokkanische Straßenszenen, Landschaftsaufnahmen und Porträts. Die Fotos aus Privatbeständen und Archiven der Protektoratsverwaltung ließ er neu entwickeln und stellt sie in einem wunderschönen Riad aus dem 19. Jh. aus. Neben einer kleinen Dauerausstellung gibt es auch Wechselschauen. Im Museumsshop werden Poster und Postkarten der Schwarz-Weiß-Fotografien verkauft. *Tgl. 9.30–19 Uhr | Eintritt 50 DH | 46, Rue Souk Ahal Fassi | Kaat Ben Nahid | maisondelaphotographie.ma | 45 Min.–1 ½ Std. | e1*

12 BAB EL KHEMIS

Mit seinen üppigen Verzierungen gehört das nördlichste Tor der Medina zu den schönsten der Stadt. Es ist wie das Bab Doukkala Namensgeber für ein ganzes Viertel (*Bab* bedeutet Tor). Hinter dem Tor findet Marrakeschs größter Flohmarkt statt, ein buntes Spektakel! Besonders donnerstags ist er riesig. Hier findest du wirklich alles, was das Herz begehrt. Manchmal muss man etwas suchen, aber dann können hübsche alte Teekannen, bunt übermalte Antiquitäten oder bestickte Berberstoffe zum Vorschein kommen. *G2*

INSIDER-TIPP
Trödel für fast nix

13 BAB DOUKKALA

Auch wenn die meisten den Namen Bab Doukkala mit dem direkt daneben liegenden Busbahnhof für die Grand Taxi in die Umgebung in Verbindung bringen, ist das Bab Doukkala in erster Linie ein wehrhaftes Stadttor. Es stammt aus dem 12. Jh. und ist damit einer der ältesten Bauten der Stadt. Aufgrund der modernen Stadtplanung steht es mittlerweile recht isoliert, was jedoch den Vorteil hat, dass man es super fotografieren kann. Hinter dem Tor (also Richtung Medina) erstreckt sich ein lebendiges Marktquartier mit vielen Riads und einer schönen Moschee aus dem 16. Jh., die – bis heute eine große Ausnahme in Marokko – von einer Frau entworfen wurde: Lalla Mesaouda. *a1*

14 DAR EL BACHA – MUSÉE DES CONFLUENCES

Selbst wenn die Ausstellungen nicht so super wären, musst du dir dieses Museum anschauen! Denn es ist in einem atemberaubenden Palast untergebracht. Anfang des 20. Jhs. erbaut, zeigt er die ganze Pracht des damaligen Paschas Thami El Glaoui. Riesige Zimmer und Höfe, farbenfrohe marokkanische Fliesen, und die Ausstellungen? Modern, ganz dem Motto des Museum gewidmet: Museum der gegenseitigen Beeinflussung, sprich: Wir sind uns ähnlicher, als es den Anschein hat. Wunderbar! *Mi–Mo 10–18 Uhr | Eintritt 60 DH | Rue Dar el Bacha | Facebook: Darelbachamusee desconfluences | 1–2 Std. | c2*

15 MOUASSINE

Für viele ist Mouassine das schönste Viertel in der Medina. Die Gassen sind ein wenig breiter und zum Teil überdacht, die Moschee ist etwas größer, und der Brunnen davor hat noch mehr Verzierungen als die meisten anderen. Ein Bummel durch Mouassine ist also deutlich entspannter als einer durch die Souks, obwohl es oft als Teil von ihnen betrachtet wird. Lass dir Zeit, geh auch mal in die Gassen rechts und links der Hauptstraße, denn dort gibt es herrliche Paläste zu entdecken, wie das *Dar Cherifa* oder das *Musée de Mouassine*. *c–d 2–3*

16 LE JARDIN SECRET

Der geheime Garten: ein Name, der nach Versteckspiel klingt. Und tatsächlich war der große Garten inmitten eines Palastareals aus dem 16. Jh. lange Zeit so geheim, dass er fast in Vergessenheit geraten war. Jahrzehntelang lag das Areal brach, bis 2008 damit begonnen wurde, es wiederherzurichten, mit dem Ziel, einen Garten nach den Paradiesbeschreibungen des Korans zu gestalten. Vom Turm hast du einen herrlichen Blick auf die Dächer von Marrakesch, ein ruhiges, angenehmes Café liegt im Innenhof. *Tgl. Feb./März/Okt. 9.30–18.30 Uhr, April–Sept. 9.30–19.30 Uhr, Nov.–Jan. 9.30–18 Uhr | Eintritt 70 DH, Turm 30 DH | 184 Rue Mouassine | 1–2 Std. | e2*

17 MUSÉE DE MOUASSINE

Das wunderbare Museum ist ein kleines Prachtstück mitten im Viertel Mouassine (nördlich der Place Bab Ftouh). Untergebracht in einem Palast aus dem 16. Jh., zeigt es keine einzelnen Exponate, sondern ist mit seinen bemalten Decken, üppigen Ornamenten und filigranen Holzschnitzereien ein Gesamtkunstwerk – und eine originalgetreue Wiederherstellung des Palastinneren. In den Räumen finden immer wieder Kunstausstellungen statt.

INSIDER-TIPP **Musik im Museum**

Jeden Freitag- und Montagabend werde Konzerte aufgeführt, für die das Haus einen stilvollen Rahmen bietet. *Sa–Do 10–18 Uhr, Konzerte Fr/Mo 18.30–19.45 Uhr | Eintritt 30 DH, Konzerte 60 DH mit Tee und Gebäck (Reservierung notwendig)* | *4–5, Derb el Hammam* | *Mouassine* | *museedemouassine.com* | *45 Min.* | *d2-3*

18 DAR CHERIFA ★

Ganz versteckt, in einer klitzekleinen Gasse, liegt dieser wunderschöne Palast aus dem 16. Jh. Wenn man sich erst einmal durch die Gassen gekämpft hat und durch die unscheinbare Tür in den Innenhof mit Marmorbrunnen gelangt ist, belohnt einen der Blick auf die wunderschönen Stuckarbeiten aus Zedernholz und Gips. Die kleinen Zimmer und Nischen, die vom Innenhof abgehen, werden für Ausstellungen mit moderner Kunst genutzt. Tagsüber kannst du hier Kaffee trinken oder eine Kleinigkeit essen, abends finden häufig Konzerte und Lesungen sowie Vernissagen statt. *Do–Di 10–24, Mi 10–19 Uhr* | *Eintritt frei* | *8, Derb Chorfa Lakbir* | *Mouassine* | *Tel. 05 24 42 64 63* | *dar-cherifa.com* | *c2*

SÜDLICHE MEDINA

(c–f 4–6) **Die südliche Medina ist um einiges ruhiger als die nördliche. Schließlich liegt hier der immer gut bewachte Königspalast.**
Aber nicht nur M6 wohnt in diesem Teil der Stadt, alle Sultane und Könige, Wesire und Minister vor ihm haben sich stattliche Domizile bauen lassen, und so ist die südliche Medina gespickt mit Palästen und Prachtbauten. Dazwischen liegen lebendige Markt- und Wohnviertel sowie die Mellah,

Das hat Stil: Kaffee trinken oder Musik hören in den lauschigen Nischen des Dar Cherifa die einstige Judenstadt. Vom Djemaa el Fna gelangst du über die *Rue Riad Zitoun el Kdim* und die *Rue Riad Zitoun el Jdid* in die südliche Medina. Die beiden Straßen sind von kleinen, individuellen Läden flankiert, rechts und links von ihnen gehen zahlreiche Gassen voller Riads und Restaurants ab.

19 DAR TISKIWIN

Wie leben die Sahara-Bewohner? Das wollte Bert Flint wissen, ein niederländischer Arabist, Anthropologe und Kunsthistoriker, der seit Jahrzehnten durch Marokko und die Sahara reist, um dort die „ländliche Kultur" zu erforschen. Ganz besonders haben es ihm die alten Karawanenstraßen von Marrakesch bis Mauretanien, Mali, Niger und Burkina Faso angetan. Auf seinen Reisen sammelte er alles, was er an Alltagskultur finden konnte – Schmuck, Stoffe, Kannen, Tablette und Werkzeuge –, und kaufte in den 1980er-Jahren ein schönes, altes Haus in der Medina für seine Sammlung. 2007 überschrieb Flint sein Museum der Universität Marrakesch unter der Bedingung, darin neben einem öffentlichen Museum eine Stiftung zu errichten, die es Studenten und Doktoranden ermöglicht, die ländliche Kultur Marokkos und des angrenzenden Sahels zu studieren. Man muss aber kein Wissenschaftler sein, um Gefallen an der kleinen, feinen Ausstellung zu finden. *Tgl. 9–14.30 und 15–18 Uhr | Eintritt 30 DH | Rue de la Bahia, Ecke Rue Riad Zitoun el Jdid | tiskiwin.com | 45 Min. | e5*

20 PALAIS DE LA BAHIA

Der Bahia-Palast ist bis heute „in Betrieb": Hier werden Staatsgäste untergebracht, ausschweifende Partys gefeiert oder Filme gedreht – wie

Wenig los: Kaum vorstellbar, dass im Palais de la Bahia auch wilde Partys gefeiert werden

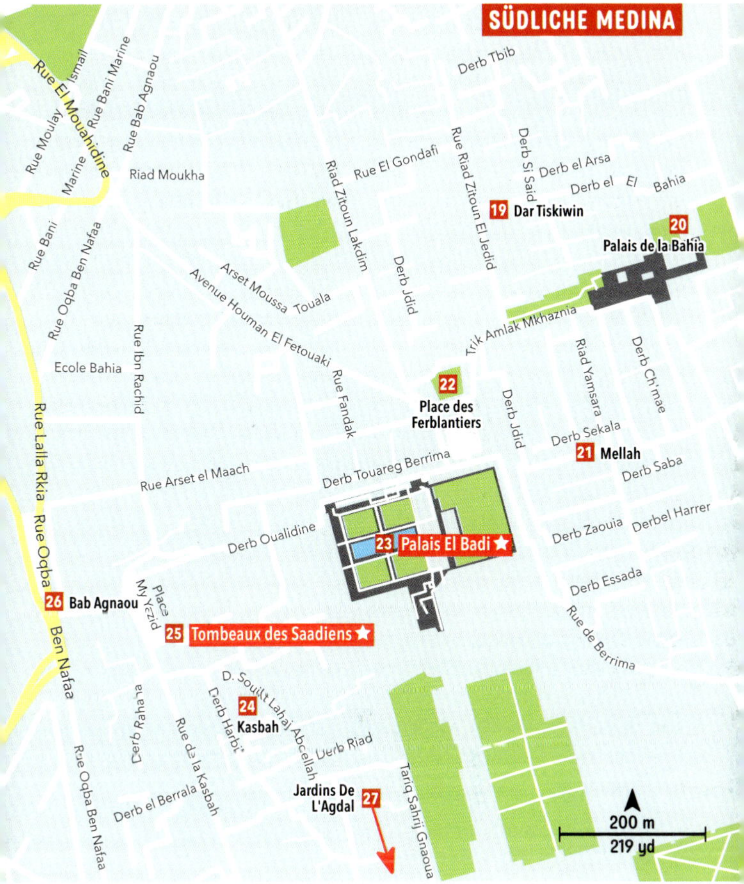

„Lawrence of Arabia". Erbaut wurde der „strahlende" Palast (denn nichts anderes bedeutet *Bahia*) 1886 unter Si Moussa, einem hochrangigen Berater des Sultans, der sich mittels Intrigen und Gewalt vom Status eines schwarzen Sklaven bis ganz nach oben hochgearbeitet hatte. Sein Sohn Bou Ahmed erweiterte den Palast auf gigantische 80 000 m² Fläche und mehr als 150 Zimmer, weil er Platz brauchte für seine vier Ehefrauen und die zahlreichen Konkubinen.

Der Familientrakt, der sogenannte Harem, macht mit mehreren Innenhöfen, einem kleinen Park mit Orangen- und Bananenbäumen sowie einem riesigen Wasserbecken den größten Teil des Palastes aus. So konnten sich die Haremsdamen – wenn sie schon nicht den Palast verlassen durften – wenigstens hier drinnen vergnügen. Für Besucher ist nur der vordere Teil des Komplexes in einem ausgeschilderten Rundgang zugänglich – leider führt er durch Räume ohne jegliche Einrichtung. Doch die wunderschön bemalten Decken, filigran gearbeiteten Wandmosaiken und aufwendigen Stuckverzierungen entschädigen dafür. *Mi–Mo 9–16.30 Uhr | Eintritt 70 DH | Rue Zitoun el Jdid | 1–1 ½ Std. | f5*

21 MELLAH

Wenn du dich für das Leben außerhalb der touristischen Attraktionen interessieren und Einblicke bekommen möchtest, wie die Menschen „ganz normal" in Marrakeschs Medina leben, solltest du durch die Mellah schlendern. Sie bietet weder große Paläste noch besondere Museen, ist aber ein interessantes Stadtviertel mit einem schönen überdachten Markt und wenigen Touristen. Früher lebten in diesem durch hohe Mauern abgetrennten Wohnviertel ausschließlich Juden. Sie kontrollierten den Salzhandel, weshalb man das Viertel nach diesem so lebenswichtigen Handelsgut benannte. Salz heißt auf Arabisch *Melha*. Heute wohnen hier Muslime. Allerdings gibt es eine Synagoge, in der jeden Freitagabend Sabbat gefeiert wird und die man zu einem kleinen Museum *(So–Do 9–19, Fr bis 16 Uhr | Eintritt 10 DH)* umgebaut hat, und ganz im Osten des Viertels einen sehenswerten jüdischen Friedhof – mit beeindruckenden Grabsteinen, verspielten Kuppelgräbern und jeder Menge hebräischer Inschriften. *Östlich der Place des Ferblantiers | f5–6*

INSIDER-TIPP
Kontakt mit dem Jenseits

22 PLACE DES FERBLANTIERS

Der Platz der Eisenschmiede liegt direkt an der Stadtmauer von Marrakesch und war früher das Zentrum der Schmiede. Auch wenn die Zeiten vorbei sind, wo rund um den Platz in Werkstätten gehämmert wurde, gibt es noch ein paar kleine Betriebe, die hier ihre Eisenwaren herstellen und direkt verkaufen. Ansonsten ist der Platz eine wohltuende Oase inmitten der südlichen Medina – mit kleinen Cafés, netten Boutiquen und der schicken *Kosybar* (s. S. 88). *e5–6*

23 PALAIS EL BADI ★

2019 war das Jahr für den El-Badi-Palast, denn Dior ließ hier eine riesige Modenschau stattfinden. Was für eine Kulisse! Obwohl vom Palast nur noch die Grundmauern stehen, wäre es anmaßend, ihn als Ruine zu bezeichnen – es ist die perfekte Location, um irgendetwas in Szene zu setzen. Der zu seiner Zeit größte Sultansbau in ganz Marokko hat enorme Ausmaße: 360 Zimmer, mehrere Innenhöfe, wobei allein der zentrale Hof 135 m lang und 110 m breit war, dazu Parks, Wasserbassins und Rosengärten. 1578 befahl Sultan al Mansour den Bau des „unvergleichlichen Palastes", erst ein Vierteljahrhundert später war er vollendet. Glaubt man zeitgenössischen Berichten, bestanden die Innenräume aus Gold und Marmor und die Wände aus feinsten Mosaiken sowie exakten, filigranen Schnitzarbeiten. Rauschende Feste wurden hier gefeiert – war der Palast doch Sinnbild für den Sieg über die Portugiesen in der Dreikönigsschlacht von 1578. Die Pracht hielt keine 100 Jahre. Mit Beginn der alawidischen Herrschaft wurde das Gold von den Wänden genommen, die Marmorböden zerstört und alle Kunstschätze nach Meknes geschaffen, um dort einen neuen Palast zu errichten. Es blieben nur die Mauern, die Gärten, die Höfe.

Heute ist der größte Schatz des Palasts die *Minbar de la Koutoubia*, die Gebetskanzel der Koutoubia-Moschee. Sie ist extrem fein verziert, mit Intarsien aus Ebenholz, Sandelholz und Zedernholz. Dieses Meisterwerk, geschaffen 1137 von Kunsthandwerkern in Córdoba, wurde in einzelnen Teilen von Spanien nach Marrakesch gebracht. Über mehrere Jahre hinweg wurde die Gebetskanzel *Minbar* liebevoll restauriert und so vor dem Zusammenbruch bewahrt. *Mi–Mo 9–16.45 Uhr | Eintritt 70 DH | Rue de Berrima, Ecke Place des Ferblantiers | 1–2 Std. | d–e6*

24 KASBAH

Das frühere Palastareal, an das sich der Königspalast anschließt, ist heute ein ruhiges Viertel mit hübschen kleinen Marktgassen, ein paar sehr schönen Riads, fein verzierten Stadttoren und vor allem den prächtigen Saadiergräbern. Das Viertel strahlt ein bisschen mehr vom „echten" Marrakesch aus als sonst die Medina. Herzstück ist die sogenannte Kasbah-Moschee direkt neben den Saadiergräbern. Das für Nichtmuslime unzugängliche Gotteshaus wurde im 12. Jh. nach dem Vorbild der Koutoubia erbaut. Leider wurde die Moschee etwas zu häufig und zu umfassend restauriert, sodass sie heute fast wie ein Neubau wirkt. *2 Std. | F–G 6–7*

Ein Meer an Grabsteinen: jüdischer Friedhof in der Mellah

25 TOMBEAUX DES SAADIENS ★

Kaum zu glauben, dass die beeindruckenden Saadiergräber 200 Jahre lang als verschwunden galten. Denn das Areal der Nekropole ist keineswegs klein. Erst 1917 wurde bei französischen Luftaufnahmen entdeckt, dass es westlich des Palais El Badi und südlich der Kasbah-Moschee einen Hohlraum gibt. Die im 16. Jh. gebauten Saadiergräber sind die Totenstädte der Familie des Sultans al Mansour, der auch den El-Badi-Palast errichten ließ. Ähnlich prachtvoll und repräsentativ wie sein Wohnhaus sollte das Familiengrab werden. Als Sultan Moulay Ismail den Palast im 17. Jh. zerstören ließ, verschonte er die Nekropole – zu groß war wohl die Angst, er könnte die Geister der Toten erwecken. Deshalb

Shoppen in Hivernage: Moderne Marrakschis zieht es in die Szeneviertel der Neustadt

ließ er die Mausoleen nur zumauern. Nach der Wiederentdeckung befreite man das Areal vom Wildwuchs, legte die Kuppelbauten frei und förderte nicht nur eine herrliche Moschee mit großartigem Mihrab (einer Gebetsnische) zutage, sondern auch zahlreiche Sarkophage und Hunderte von reich geschmückten Gräbern. Leider sind die Gräber häufig überlaufen.

INSIDER-TIPP
Perspektivwechsel

Wenn es dir zu voll sein sollte: Gegenüber im Restaurant *Nid Cigogne* kannst du von der Dachterrasse auf die Stätte (allerdings nicht direkt auf die Gräber) schauen. *Tgl. 9–16.45 Uhr | Eintritt 70 DH | Rue de la Kasbah | 1–2 Std. | f6*

26 BAB AGNAOU

Das wichtigste Portal zum Kasbahviertel gehört zu den schönsten Toren der Stadt. Es wurde im 12. Jh. während der Herrschaft der Almohaden erbaut und müsste dringend renoviert werden. Koranzitate und florale Muster schmücken den Bau aufs Herrlichste – das ist auch ohne Restaurierung noch gut erkennbar. Der Name *Agnaou* leitet sich von *Gnaoua* ab, den mystischen Sängern, zu deren Rhythmen Geister beschworen werden. Als Sklaven mussten sie die Stadt durch dieses Tor betreten und wurden danach in ganz Marrakesch verteilt. *Rue Oqba Ibn Nafaa, Ecke Route du Barrage | Kasbah | c6*

27 JARDINS DE L'AGDAL

Gerade wer länger in Marrakesch ist, wird sich an dieser grünen und ruhigen Umgebung erfreuen. Die Agdalgärten südlich des Kasbahviertels sind streng genommen gar keine Gärten, sondern eher eine symmetrisch angeordnete Grünanlage, deren Wege gesäumt sind mit Obstbäumen. Angelegt wurde der Park bereits im 12. Jh. und seitdem zigmal vergrößert und erweitert. Seit 1985 steht er unter dem Schutz der UNESCO als Welterbe. Da der Park zum Palastareal gehört, ist er für die Öffentlichkeit nur sehr eingeschränkt zugänglich. Achtung: Im Park gibt es weder Läden noch Cafés, also besser Proviant mitnehmen. *Unregelmäßig geöffnet | Eintritt frei | Route d'Agdal, Route d'Ourika | 1 2 Std. | G H 7 8*

GUÉLIZ & HIVERNAGE

Nur einen kleinen Fußmarsch von der Medina entfernt liegen die beiden Szeneviertel Guéliz und Hivernage in der Neustadt *(Ville Nouvelle)*.

Sie sind der Inbegriff des modernen marokkanischen Lebens, mit schicken Läden, modernen Shoppingzentren, eleganten Boutiquen, sehr guten Restaurants und postmodernen Galerien. Trotz der Nähe zur Medina ist es ein Zeitsprung hierher. Dabei gehören diese Viertel noch nicht einmal zur neuesten Neustadt, sondern wurden bereits in den 1920er-Jahren von den französischen Kolonialherren gegründet, die einen modernen Stadtteil für sich haben wollten – weit weg von den konservativen und strenggläubigen Muslimen, die in der Medina lebten und die Nase rümpften, wenn Franzosen ihr Savoir-vivre mit Wein, Weib und Gesang zelebrieren wollten. Bis zur Unabhängigkeit des Landes waren Guéliz und Hivernage alleine den Franzosen vorbehalten. Erst seit 1956 ziehen immer mehr Marokkaner hierher.

28 AVENUE MOHAMMED V

Diese Straße ist die Lebensader von Guéliz. Drei große Plätze bilden ihre pulsierenden Knotenpunkte: die Place Bir Anzarane (auch Place Abdelmoumen genannt), die Place du 16 Novembre und die Place de la Liberté (von Nord nach Süd). Vor allem die Place du 16 Novembre mit ihrer überdimensionierten *Marrakech Plaza*, einem Gebäudekomplex aus Apartments, Läden, schicken Cafés und repräsentativem Platz mit Springbrunnen und Palmen, ist eine der Lieblingsflaniermeilen der modernen Marrakschis. Auch wer sich keinen Kaffee in einem der teuren Cafés leisten kann, kommt gerne hierher, um zu sehen und um gesehen zu werden. *C–F 3–5*

29 THÉÂTRE ROYAL

Pompös ist genau das richtige Wort für dieses Gebäude, das großspurig auch als Opéra von den Marrakschis bezeichnet wird. Das städtische Theater ist das extravaganteste Gebäude der Marrakescher Neustadt. Erbaut vom tunesisch-marokkanischen Architekten Charles Boccara, ähnelt es von außen einer Mischung aus Pariser Oper und türkischer Moschee – und ist für Marrakesch komplett überdimensioniert. Nur zu den Filmfestspielen oder anderen großen Ereignissen ist das Haus tatsächlich ausgebucht. Wirf doch mal einen Blick hinein: Die großen Kuppeln und vielen, vielen Säulen sind wirklich beeindruckend. *Av. Hassan II, Ecke Av. Mohammed VI* | *C4*

30 GARE DE MARRAKECH

„Nur ein Bahnhof", denkst du vielleicht. Stimmt, aber was für einer! Hochmodern und zugleich zauberhaft wie aus 1001 Nacht. Bereits der Eingang ist ein Traum: ein riesiges Hufeisentor, reich verziert mit feinsten Fayencen. In der Bahnhofshalle schmücken Mosaiken den Boden, hängen Kupferlampen an der Decke, sind große Säulen Blickfänger. Auch wer nicht verreist: Hier solltest du unbedingt mal Station machen – und den Blick in die Ferne schweifen lassen: Auf der Fassade des gegenüber liegenden Gebäudes prangt das überlebensgroße Porträt eines Marokkaners. *Av. Hassan II, Ecke Av. Mohammed VI* | *B4*

INSIDER-TIPP
Streetart vom Feinsten

31 AVENUE MOHAMMED VI

Zwischen der Avenue Mohammed V und der Avenue Mohammed VI (früher: Avenue de France) liegen drei Generationen an Königen und eine ganz andere Welt. Die Avenue Mohammed VI ist die Hauptstraße des Viertels Hivernage (was übrigens so viel bedeutet wie „Überwintern"). An ihr liegen nicht nur die Tophotels der Stadt, sondern auch die besten und teuersten Eisdielen, viele schicke Res-

Auch wenn du nicht abfahren willst, mach Station in der zauberhaften Bahnhofshalle!

taurants und exquisite Boutiquen. Die eigentliche Schönheit von Hivernage ist jedoch nicht direkt an der Hauptstraße zu sehen, sondern in den vielen baumbestandenen Sträßchen und versteckten Parks östlich davon – mit gemütlichen Cafés und Restaurants sowie zahlreichen Boutiquen und Clubs. Während hier abends der Bär brummt, ist es tagsüber sehr entspannend, im Schatten schöner Bäume zu flanieren. C–D 4–6

AUSSERDEM SEHENSWERT

32 JARDIN MAJORELLE ★

Gerade wenn es heiß ist, gibt es nichts Schöneres, als im Jardin Majorelle im Schatten der Bäume zu sitzen, auszuruhen und zu picknicken. Die Geschichte des schönsten Gartens der Stadt, der mit seiner Farbenpracht verzaubert, liest sich wie ein Märchen. Der Maler Jacques Majorelle (1886–1962) reiste durch die ganze Welt, bis er sich in Marrakesch in besonderer Weise künstlerisch inspiriert fühlte, sodass er beschloss, hier zu bleiben. Er kaufte ein Stück Brachland, errichtete darauf seine Villa und lebte fortan im Paradies. Den Garten nämlich ließ er nach den Paradiesbeschreibungen des Korans gestalten. Dafür ließ er sich Pflanzen aus aller Welt herschaffen und legte so den Grundstein zu diesem herrlichen Garten.

Als Majorelle starb, verwilderte das Grundstück zunehmend, bis es der französische Modemacher Yves Saint Laurent wiederentdeckte. Er ließ die Mauern in Kornblumenblau streichen – in genau dem Blauton, den der Maler Majorelle kreiert hatte –, legte die exotischen Pflanzen wieder frei, ließ Wasserbecken restaurieren und färbte sie gelb und türkis.

So entstand ein Pflanzenmeer in leuchtenden Farben: mit hohen Palmen und Kakteen, dichten Bambushainen, pinkfarbenen Geranien, weißen Seerosen und orangefarbener Kapuzinerkresse. Die Villa des Malers nutzte Saint Laurent anfangs als Atelier, dann errichtete er darin eins der besten Museen der Stadt für seine private Sammlung von Berberkunst und islamischer Kunst. Der Modemacher liebte den Garten so sehr, dass er ihn schließlich der Öffentlichkeit übergab – damit alle an der Pracht teilhaben können. Bevor er 2010 starb, verfügte er, dass seine Asche hier verstreut werden sollte. Und so ist der Jardin Majorelle wahrscheinlich das schönste Grab der Welt. *Garten Okt.–April tgl. 8–17.30 Uhr, Mai–Sept. 8–18 Uhr, Museum Mi–Mo 8–18 Uhr, Wohnhaus von YSL Fr–Mo 10–16 Uhr | Eintritt Garten 70 DH (am besten vorher online buchen, um sich langes Anstehen zu ersparen), Museum/Haus 30 DH (das Ticket fürs Museum muss direkt am Eingang gekauft werden), Kombiticket mit Musée Yves Saint Lau-*

rent 170 DH | Rue Majorelle, zwischen Av. Allal al Fassi und Route du Safi | jardinmajorelle.com | ⏲ ab 2 Std. | Daoudiyat | 🕮 D2–3

33 MUSÉE YVES SAINT LAURENT ★ ☂ 🌡

Ein bisschen wirkt es schon wie ein Fremdkörper, dieses hypermoderne, für Marokko so einzigartige Museum, das sich voll und ganz dem berühmten Modemacher gewidmet hat. Zu sehen sind herrliche Kollektionen, ganz in den Farben von Marrakesch, das den Modemacher immer wieder inspiriert hat, eine großartige Bibliothek, eine Galerie und ein wunderschönes Café mit Wasserwand. *Do–Di 10–18 Uhr | Eintritt 100 DH, Kombiticket mit Jardin Majorelle 170 DH | Tickets können auch online gekauft werden, dann erspart man sich das Anstehen | Rue Yves St. Laurent | museeyslmarrakech.com | ⏲ ab 2 Std. | Daoudiyat | 🕮 D2*

34 PALOOZALAND

Vielleicht ist es nicht gerade der Hotspot für Erwachsene, aber Kinder haben ihre wahre Freude an dem Dino-Land. Denn hier gibt es Spielplätze, kleine Fahrgeschäfte, Plastikdinosaurier und Wasserbecken zum Planschen. Vor allem freitags, wenn die Marrakescher Familien hierher kommen, ist das eine wahre Freude – und ein echtes marokkanisches Freizeitvergnügen fernab von jedem Tourismus. *Di–So 16–22 Uhr, im Sommer und am Wochenende länger (s. Website) | Eintritt Di–Fr 50 DH, Sa/So 70 DH inkl. allen Fahrgeschäften, Schwimmbad extra | Route de Casablanca | paloozaland.com | Palooza | 🕮 0*

Kornblumenblaue Mauern, sattgrüne Pflanzen: Farbenrausch im Jardin Majorelle

35 SIDI GHANEM

Weit weg vom Zentrum, am Rand der Stadt, auf den ersten Blick vollkommen unspektakulär: Dieses Industrieviertel wäre absolut langweilig, hätte sich hier nicht in den letzten Jahren eine eigene Szene entwickelt. Sidi Ghanem ist ein wahres Eldorado für alle, die gern shoppen. Und nicht irgendwas, sondern Deko, Kunst, Skulpturen, Möbel, Stoffe … Man könnte fast sagen, Sidi Ghanem ist so eine Art marokkanisches Outlet-Center. Dabei handelt es sich eigentlich nur um zwei Straßen. Doch das reicht, um dem Kaufrausch zu erliegen, zwischendrin in einem schicken französischen Bistro einzukehren, z. B. im *Le Zinc*, und die einzigartige Atmosphäre aus Schick und Shabby zu genießen.

Abends und am Wochenende ist das Viertel tot – denn dann sind fast alle Läden geschlossen. *0*

36 JARDIN MÉNARA

Die Ménaragärten sind die beliebteste Grünfläche der Marrakschis. Wenn es ihnen in der Stadt zu hektisch wird, suchen sie hier Zuflucht – besonders gern zum Picknicken freitags und am Wochenende. Streng genommen ist der Jardin Ménara gar kein Garten, sondern eine Olivenplantage mit großem Wasserbassin und malerischem Pavillon. Er ist am schönsten mit der Pferdekutsche zu erreichen – aber natürlich kann man auch ein Taxi oder ein Medina Bike (s. S. 118) nehmen. Besonders reizvoll ist die Atmosphäre kurz vor Sonnenuntergang, wenn hinter dem Bassin und dem Pavillon die Bergsilhouetten des Hohen Atlas klar hervorstechen und die untergehende Sonne alles in ein warmes, goldenes Licht taucht. Mit ein bisschen Glück ist der Pavillon geöffnet, und du kannst vom Balkon die herrliche Aussicht über die Gartenanlage genießen. *Garten rund um die Uhr geöffnet, Pavillon unregelmäßig | Garten Eintritt frei, Pavillon Eintritt 70 DH, die nur bedingt lohnen! | Av. de la Ménara | südwestl. von Hivernage | A–C 6–7*

37 MACAAL – MUSÉE D'ART CONTEMPORAIN AFRICAIN AL MAADEN

Dass das Macaal kaum bekannt ist, liegt wahrscheinlich daran, dass es am Stadtrand von Marrakesch liegt. Einen anderen Grund kann es nicht geben, denn das moderne Museum ist wirklich toll. Es zeigt Kunst aus ganz Afrika auf kritische, außergewöhnliche Weise. *Di–So 10–18 Uhr | Eintritt 40 DH (Studenten gratis) | Al Maaden, Sidi Youssef Ben Ali | macaal.org | ab 1 Std. | Sidi Youssef Ben Ali (Syba) | 0*

AUSFLÜGE

38 ANIMA ★

33 km südlich von Bab Agnaou/ 40 Min. (Shuttle vor der Koutoubia oder Grand Taxi ab Taxiplatz Arset el Maach)

Auf 3 Hektar Fläche hat der österreichische Künstler André Heller nach eigenen Worten „die Rückkehr des Paradieses" inszeniert. Den üppigen Garten voller Bougainvilleen, Palmen, Kakteen, Olivenbäumen und Rosensträuchern – dazwischen ragen Skulpturen von Künstlern wie Keith Haring in den Himmel – hat Heller zu einem romantisch-verspielten Ort arrangiert. In diversen Ausstellungsräumen werden zudem Werke unbekannter Künstler, auch marokkanischer, gezeigt. Natur- und Kunstliebhaber kommen hier also gleichermaßen auf ihre Kosten – und André-Heller-Fans sowieso. Der Park liegt am Eingang zum Ourikatal, mit grandiosem Blick auf die Gipfel des Hohen Atlas. *Sommer tgl. 9–18 Uhr, Winter 9–17 Uhr | Eintritt 12 Euro inkl. Shuttle von Marrakesch (Abfahrt vor der Koutoubia Sept.–Juni 9.30, 11.30, 14.30 Uhr, Juli/Aug. 11.30 Uhr, Shuttle nur mit gültigem Ticket, das über die Website verkauft wird, bei individueller Anfahrt Ticket vor Ort kaufen) | anima-garden.com | 🕮 0*

39 OURIKATAL

64 km südlich von Bab Agnaou/ ca. 1 Std. (Auto oder Grand Taxi ab Arset Maach)

Hauptattraktion in diesem paradiesischen Tal sind sieben kleinere Wasserfälle, die von den Berghängen hinabstürzen. Ein 30-minütiger Fußmarsch bergauf führt dich zum ersten Wasserfall: Hinter dem Dorf Setti Fatma folgst du einfach den Verkaufsbuden über den Fluss Ourika.

INSIDER-TIPP
Essen mit den Füßen im Wasser

Wer sich vorher noch stärken will, findet direkt am bzw. im Fluss (im Sommer) die besten Restaurants weit und breit. Im Schatten großer Bäume wird leckere Tajine, auch mit Ziegenfleisch, serviert. Einen Besuch wert ist zudem das *Paradis du Safran (Mi–Mo 11–16 Uhr, im Sommer häufig geschlossen | Eintritt 100 DH | km 31, Route d'Ourika | diesafranfrau.de).* Die Schweizerin Christine Ferrari hat auf einem alten Brachland ein kleines Gartenparadies mit ökologisch angebauten Heilpflanzen, insbesondere Safran, geschaffen. Sie bietet auch Kochkurse an.

Nur wenige Kilometer vom Safrangarten entfernt, werden im *Écomusée Berbères (tgl. 9.30–19 Uhr | Eintritt 20 DH | km 37, Route d'Ourika | museeberbere.com)* in einer alten Lehmkasbah Fotografien, Teppiche, Töpferwaren und Arbeitsgeräte der Bergbewohner des Hohen Atlas ausgestellt. So bekommst du einen sehr lebendigen Einblick in das traditionelle Leben vor Ort und in die Alltagskultur der Berber. *Route d'Ourika bis zum Ende der Straße | 🕮 0*

40 OUKAIMDEN ☂ 🌡

80 km südlich von Bab Agnaou/ 1 ½ Std. Fahrt (Auto oder Taxi)

Skifahren in Marokko? Kein Witz. Vollkommen verrückt wird es, wenn du in Marrakesch morgens am Pool liegst, gegen Mittag deinen Anorak holst und dich dann ins Auto oder Taxi setzt. 90 Minuten später bist du auf 2800 m Höhe, leihst dir Skier und Schuhe, lässt dich mit einem Schweizer Sessellift (oder einem marokkanischen Schlepplift) auf den Djebel Oukaimden (3200 m) hochziehen und fährst in großen Schwüngen wieder bergab. Das geht natürlich nicht das ganze Jahr, sondern nur im Winter und im Frühjahr, aber dann ist es eine Gaudi sondergleichen. Ansonsten bietet der bekannteste Wintersportort Marokkos nicht viel, die Lage inmitten der Berge

des Hohen Atlas jedoch ist unschlagbar. *Route d'Ourika (P2017) bis Ourika, 10 km hinter dem Ort auf die P2030 | ⧉ 0*

41 TERRES D'AMANAR

38 km südwestlich von Bab Agnaou/ ca. 45 Min. (Auto oder Taxi)

Am Rand von Marrakesch befindet sich der beste Abenteuerspielplatz für Groß und Klein. Terres d'Amanar hat es sich zur Aufgabe gemacht, die alten Traditionen Marokkos auch für Gäste zugänglich zu machen. So kann man auf Drehscheiben töpfern, Brot backen und Tajine kochen. Oder, sportlicher, Bogenschießen lernen, im Hochseilgarten klettern, mit einer Seilbahn über ein Tal schweben oder mit Mountainbikes durch den Hohen Atlas cruisen. Wer bleiben möchte: Terres d'Amanar bietet auch Unterkünfte vom Zelt bis zum Lehmhaus. *Route d'Asni, km 38 | Reservierungen, Infos und Preise auf terresdamanar.com | ⧉ 0*

42 IMLIL

90 km südlich von Bab Agnaou/2 Std. (Auto oder Grand Taxi ab Arset Maach bis Asni und dort umsteigen)

Das kleine Bergsteigerzentrum liegt am Fuße des Djebel Toubkal, des höchsten Bergs Nordafrikas. Er gilt nicht nur als heilig, sondern ist auch als sogenannter Rentner-4000er bekannt. Denn der Aufstieg ist zwar steil, aber relativ einfach zu bewältigen. Allerdings nicht an einem Tag. Solltest du also mit dem Gedanken spielen, den Djebel Toubkal zu besteigen, plane mindestens eine Übernachtung mit ein. Aber auch wer keine Bergsteigerambitionen hat, kann hier die bezaubernde Landschaft genießen, ein wenig shoppen, Tee trinken oder eine Tajine essen. Außerdem ist Imlil der perfekte Ausgangspunkt für Wanderungen in die nähere Umgebung, zum Beispiel zum kleinen Dorf Aroumd oberhalb von Imlil. Eine schöne Wanderung auf einem Weg, der leicht zu finden ist, ist die zum Grab

Der steile Aufstieg ist vergessen: Panoramablick vom Djebel Toubkal aufs Atlasgebirge

des Chamharouche auf 2350 m Höhe, einem Pilgerziel auf dem Weg zum Gipfel.

INSIDER-TIPP Rendezvous mit dem Beelzebub

Hier geht es sehr marokkanisch und ein bisschen gruselig zu: Chamharouche ist der Teufel in Person, der geistig und psychisch Kranke heilen soll. Folg einfach im Hochtal links den Pilgern. Bei allen schwierigeren Wanderungen ist es aber ratsam, einen Bergführer in Imlil anzuheuern *(ab 300 DH pro Tag | Bureau des Guides de Montagne | Tel. 05 24 48 56 26 | bureaudesguides imlil.com). 🕮 0*

43 AGAFAY

35 km südwestlich von Bab Agnaou/ 45 Min. (Auto)

Wenn du zu wenig Zeit hast, um in die Wüste zu fahren, sie aber unbedingt einmal sehen möchtest, dann musst du hierherkommen, in die kleine Sahara vor den Toren der Stadt. Statt Dünen findest du eine malerische Geröllwüste mit Hügeln und Canyons. Vollkommen unerwartet und richtig schön. Ein paar Camps wie das *Agafay Desert Camp (agafaydesertluxury camp.com)* haben hier ihre Berberzelte aufgeschlagen

INSIDER-TIPP Lightshow im Sand

und inszenieren vor allem abends mit Hunderten von Kerzen und Laternen ein wahres Wüsten-Lichter-Spektakel. Das ist richtig, richtig cool. Wer nur zum Mittagessen kommen möchte: Reservier im *Terre des Étoiles (terredesetoiles.co.uk)*, und erleb Superluxus mitten in der Wüste. *🕮 0*

44 AIT BEN HADDOU

177 km südöstlich ab der Route de Ouarzazate/4 Std. (Auto) oder 5–6 Std. (Grand Taxi mit Umstieg in Ouarzazate)

Dieses malerische Dorf am Südhang des Hohen Atlas wurde 1987 von der UNESCO zum Welterbe ernannt und ist seitdem das beliebteste Postkartenmotiv des Südens von Marokko. Wie Adlerhorste schmiegen sich die Lehmhäuser an einen Berghang. Von Weitem sehen sie wie eine gigantische Burg mit Türmchen und Zinnen aus. Dabei ist gar nicht alles echt. Denn dank der nahe gelegenen Atlas-Filmstudios wurde das kleine Lehmdorf durch Mauern und Tore aus Pappe erweitert. Das tut dem Flair jedoch keinen Abbruch, Ait Ben Haddou ist ein wunderschöner Ort mit tollen Spaziermöglichkeiten, guten Restaurants und schönen kleinen Hotels geblieben. Schon der Weg ins Dorf ist eine Reise wert: Es geht über den Tizi n' Tichka, Marokkos wichtigsten Atlaspass, auf 2200 m Höhe hinein in die Sahara, vorbei an eindrucksvollen Lehmburgen und Oasenlandschaften. Übernachtungsmöglichkeiten gibt es vor Ort. *Route de Ouarzazate (N9) über den Tichka, kurz nach dem Pass links ab Richtung Telouet auf die P1506 | 🕮 0*

45 CACTUS THIEMANN

10 km nördlich ab Route de Casablanca/15 Min. (Auto oder Taxi)

Mal davon abgesehen, dass die Kaktusfarm der deutsch-marokkanischen Familie Thiemann die größte ihrer Art in Afrika ist, macht eine Führung über das herrliche Gelände großen Spaß (du kannst die Kakteen natürlich auch kaufen!). Such dir keinen allzu heißen Tag für den Trip aus, denn es gibt nahezu keinen Schatten – dafür umso mehr Farben. Von den Millionen Kakteen der unterschiedlichsten Arten

Ob der Mann auch aus Pappe ist? In Ait Ben Haddou ist manches nur Fake

blüht immer mindestens eine. Geplant ist außerdem ein Café. *Besuch nur nach Terminvereinbarung per E-Mail (cactusthiemann@gmail.com) – gern auch auf Deutsch, Führungen auf Deutsch oder Englisch mind. einmal tgl. | Führung 150 DH pro Person | km 10, Route de Casablanca | cactusthiemann.com* | *0*

46 ESSAOUIRA

178 km westlich ab Route d'Essaouira/2 Std. (Bus Supratours oder Auto)

Das sympathische Städtchen am Atlantik zieht Surfer, Künstler, Aussteiger und Touristen an. Die für marokkanische Verhältnisse ausgesprochen symmetrische Bebauung ganz in Weiß und Blau geht auf die Portugiesen zurück. Lauf durch die lebendige Medina, bummel durch die zahlreichen Galerien, geh am Strand entlang zur portugiesischen Festung und zum Hafen. Da Essaouira einer der windigsten Orte des Landes ist, werden hier regelmäßig Wellenreiter- und Surfmeisterschaften ausgetragen. Auch das *Musikfestival Gnaoua (festival-gnaoua.net)*, das jedes Jahr im Juni stattfindet, lohnt einen mehrtägigen Besuch. Im legendären Fischrestaurant *Sam's Restaurant (tgl. ab 19 Uhr | Tel. 0661097971 | €–€€)* in der alten Stadtmauer hat es schon Jimi Hendrix geschmeckt, auch wenn die Räumlichkeiten inzwischen andere sind (Sam ist umgezogen). *0*

ESSEN & TRINKEN

Marrakesch ist ein Schmelztiegel an kulinarischen Genüssen. Hier kommen arabische und berberische, schwarzafrikanische und europäische Einflüsse zusammen und lassen daraus eine großartige Küche entstehen. Ganz gleich, ob du in einer Garküche oder in einem Sternetempel isst: Das Essen ist so vielfältig, da ist für jeden was dabei!

Alle regionalen Küchen des Landes sind hier vertreten, denn schon immer war die Stadt Anziehungspunkt für Menschen aus allen Landesteilen, die ihre eigenen Kochtraditionen mitgebracht haben.

Typisch marokkanisch: Couscous mit Salat und Harissa, dazu Pfefferminztee

Wenn du wirklich in den Schmelztiegel eintauchen möchtest, dann solltest du mindestens einmal in einer der zahlreichen ★ *Garküchen auf dem Djemaa el Fna* essen. Zig Essensstände werden dann aufgebaut, überall brutzelt und brät es. Aufgetischt wird so ziemlich alles, was es in Marokko an kulinarischen Genüssen gibt. Hier kann man für ein paar Cent ein Sandwich mit Merguez verspeisen, eine Suppe löffeln oder ein ganzes Menü bestellen. Aber pass auf, und klär den Preis unbedingt vorher, sonst bezahlst du viel zu viel!

WO MARRAKESCH ISST

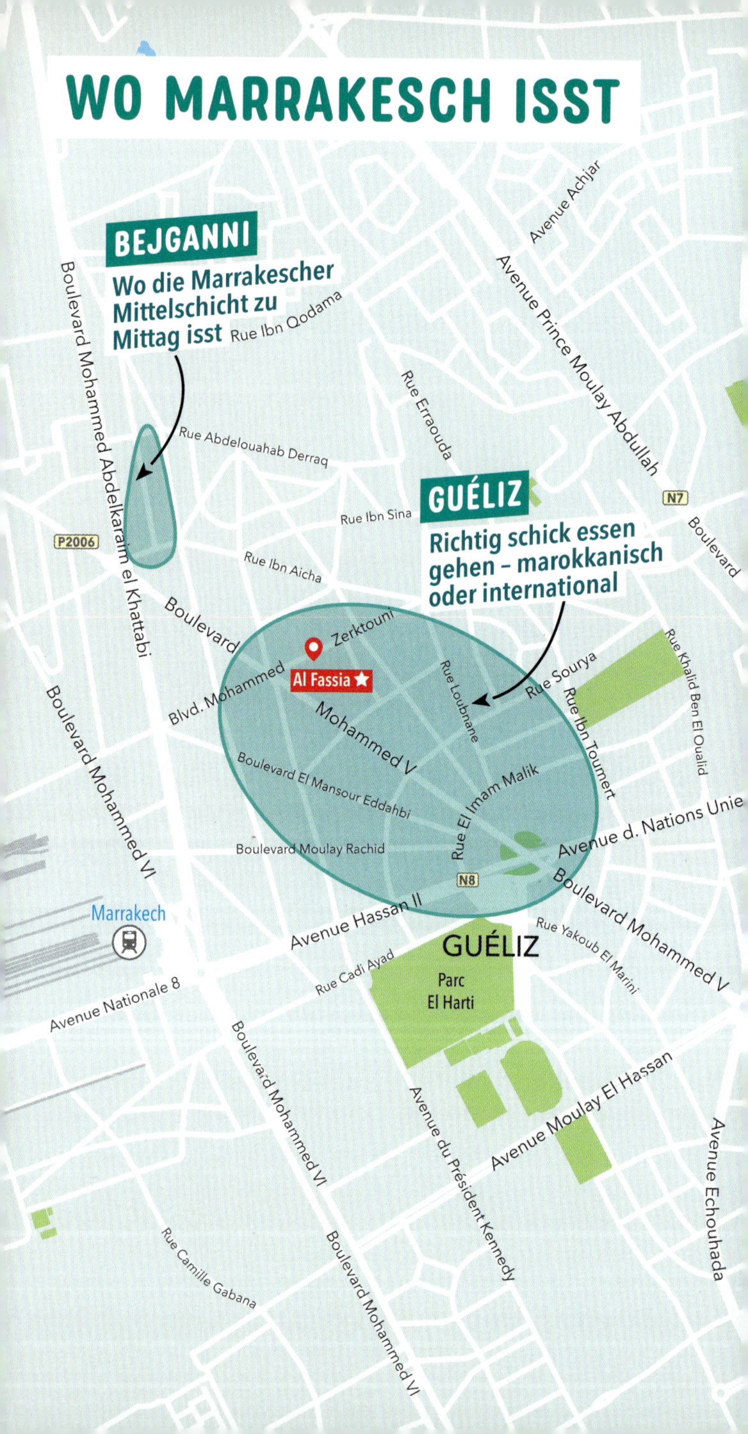

MARCO POLO HIGHLIGHTS

★ **GARKÜCHEN AUF DEM DJEMAA EL FNA**
Das größte Freiluftrestaurant von Marrakesch zieht jeden in seinen Bann ➤ S. 57

★ **CAFÉ DES ÉPICES**
Ultramodernes Café mitten in der alten Medina ➤ S. 61

★ **LA MAISON ARABE**
Hervorragende Küche in schönstem Ambiente ➤ S. 64

★ **AL FASSIA**
Das Beste, was Marrakesch an marokkanischer Küche zu bieten hat ➤ S. 66

Traditionell wird in Marokko auf dem offenen Feuer gekocht. In *Tajines*, kegelförmigen Kochgefäßen aus gebranntem Lehm, werden Fleisch und Gemüse oft stundenlang geschmort. So wie der Kochtopf heißt auch eins der beiden Nationalgerichte des Landes, das Eintopfgericht *Tajine*. Das andere ist Couscous, Hartweizengries mit geschmortem Fleisch und Gemüse. Dazu kommen zahlreiche Salate und gegrilltes Fleisch. Vegetarier werden vor allem bei den Vorspeisen glücklich – etwa bei den vielseitigen und gesunden Gemüsesalaten.
Einfache Restaurants haben meist den ganzen Tag geöffnet, bessere nur mittags und abends. In Marokko wird gern spät gegessen, mittags erst so gegen 14, 15 Uhr, abends ab 21 Uhr. Reservierungen sind nur in schicken Restaurants nötig.

CAFÉS & TEEHÄUSER

Falls nicht anders erwähnt, haben die Cafés und Teehäuser täglich von morgens bis abends geöffnet.

CAFÉ DE FRANCE

Der Klassiker unter allen Cafés in der Medina. Direkt am Djemaa el Fna gelegen, mit riesiger Dachterrasse. Der Blick von hier oben auf den Platz ist einfach unschlagbar. Hier kannst du stundenlang sitzen und das Treiben beobachten. *Djemaa el Fna* | *Zentrale Medina* | *d3*

THE MOORISH

Genug von Pfefferminztee und Tajine? Dann ist das etwas versteckt liegende maurische Café genau das Richtige für dich. Modernes Interieur (mit tollen Fliesen), hervorragender Kaffee, dazu französische Patisserie. Wer etwas Herzhaftes braucht, kann auch einen Burger essen. *Rue Mouassine* | *Facebook: The Moorish Marrakech* | *Mouassine* | *c2*

CAFÉ SNACK CHINGUITTI

Man sitzt nett, trinkt nett, isst nett. Und dann beginnt der Papagei zu rufen. Und zwar den Gebetsruf *Allahu akbar.* Bis man blickt, dass der Ruf nicht von der Moschee schallt, sondern vom Käfig in der Ecke, ruft er schon wieder, und alle freuen sich über die Sprachbegabung des hübschen Vogels. *107 Rahbat Kedima* | *Facebook: Snack Chinguitti* | *Nördliche Medina* | *d2*

16 CAFÉ

In diesem schicken und modernen Café im Herzen von Guéliz gibt es den besten Café au lait der Stadt, dazu ein oder zwei hausgemachte Macarons, und dein Tag ist gerettet. Wer zur Mittagszeit kommt, kann auch den hauseigenen Burger essen, schöner aber ist tatsächlich der Cafébesuch – draußen auf dem großen Platz oder im klimatisierten Innenraum. *Place du 16 Novembre* | *16cafe.com* | *Guéliz* | *D4*

INSIDER-TIPP
Wie Gott in Frankreich, ähh, Marokko

AMANDINE

Wenn es ein Paradies auf Patisserie-Ebene gibt, dann findest du es hier. Ob französische oder marokkanische Köstlichkeiten – das Amandine ist der

Lieblingscafé: sich hinsetzen und sich wohlfühlen im legendären Café des Épices

perfekte Ort, auch um frühstücken zu gehen. *175 Rue Mohamed el Beqal* | *amandinemarrakech.com* | *Guéliz* | *C3*

GELATI DINO

Schicke Eisdiele mit köstlichem Eis wie vom Italiener. Auch der Kaffee schmeckt gut. *Av. Mohammed V* | *Guéliz* | *D4*

CAFÉ DES ÉPICES ★

Durch die große Glasfront oder von der Dachterrasse direkt zum Platz Rahba Kedima lässt sich vom Café aus das Gewusel auf dem Markt gut verfolgen, dazu schmecken ein paar Kleinigkeiten. Aber wegen der Küche kommt sowieso niemand hierher, sondern einzig wegen der netten Atmosphäre und des phänomenalen Blicks. *Rahba Kedima* | *cafedesepices.ma* | *Nördliche Medina* | *d2*

PATISSERIE DES PRINCES

Immer der Nase nach, schon erschnupperst du diese gute Bäckerei und Konditorei am Duft von frisch gebackenen Köstlichkeiten. Und das Frühstück schmeichelt den Geschmacksnerven. *Rue Bab Agnaou* | *Passage Moulay Rachid* | *Kasbah-Viertel* | *Zentrale Medina* | *d4*

CAFÉ DU LIVRE

In dieser gelungenen Mischung aus Buchhandlung, Bücherei, Café, Restaurant und Galerie kann man stundenlang stöbern, schauen, blättern, lesen, plaudern, essen. Das Café ist

Treffpunkt von Ausländern, die vor Ort leben, marokkanischen Studenten und hin und wieder auch Touristen. Bestell dir ein Sandwich oder Kuchen,

Heißer Minztee mit Schaum: Der schmeckt auch in großer Hitze

und genieß dazu den guten Kaffee. *Mo–Sa 9.30–21 Uhr | 44, Rue Tariq ibn Ziad | Guéliz | 🕮 C3*

CAFÉ XIEME ART

Das schicke Café gegenüber der Fakultät für Wirtschaftswissenschaften der Universität Marrakesch wird von vielen Studenten frequentiert. Da es weit weit weg von allen Marrakescher Attraktionen liegt, verirren sich nur wenige Touristen hierher. Zu leckerem Milchkaffee gibt's *pain au chocolat* (Blätterteiggebäck) und interessante Gespräche. *Av. Allal al Fassi, nordöstlich vom Jardin Majorelle | Daouidyat | 🕮 D2*

HENNA ART CAFÉ

Ganz in Blau und Orange gehalten ist dieses kleine Café mitten in der lebendigen Rue Zitoun Jdid. An den Wänden hängen Kunstwerke, auf den Teller kommen kleine Snacks. Während du aufs Essen wartest, kannst du dir die Hände mit Hennamalereien verzieren lassen. *Tgl. vormittags bis abends | Rue Zitoun Jdid | marrakechhennaartcafe.com | Südliche Medina | 🕮 d4*

INSIDER-TIPP
Als Appetizer ein Tattoo

RESTAURANTS €€€

BO ZIN

Die Kultadresse der Marrakescher (Expad-) High Society ist ein Mix aus Bar, Restaurant und Lounge. Gegessen wird stilvoll, ob im Garten, im Saal oder unter der lichtdurchfluteten Pergola. Zu internationaler und marokkanischer Küche wird hervorragender Wein ausgeschenkt. *Tgl. ab 20 Uhr | km 4, Route d'Ourika | Tel. 05 24 38 80 12 | bo-zin.com | Route d'Ourika | 🕮 0*

CAFÉ EXTRABLATT

Der Ableger der deutschen Kette ist ein beliebter Treffpunkt reicher Marrakschis und Europäer, die hier leben. Vom Frühstück bis in die späten Abendstunden, wenn häufig Livemusik die Stimmung anheizt, ist immer was los. Die Speisekarte ist international, der Kaffee zwar gut, aber teuer.

Unsere Empfehlung heute

Vorspeisen

BRIOUAT
frittierte Teigtaschen, gefüllt mit Fisch, Hackfleisch, Hähnchen, Käse oder Gemüse

HARIRA
sättigende Suppe aus Kichererbsen, Tomatensud und Fleisch

ZAALOUK
Salat aus Auberginen, Tomaten und Knoblauch

Hauptgerichte

TAJINE AU POULET CITRON
im Tontopf geschmortes Hähnchen mit grünen Oliven und eingelegter Zitrone

COUSCOUS ROYAL
gedämpfter Hartweizengrieß mit Gemüse und mehreren Fleischsorten

BROCHETTE D'AGNEAU
Lammfleischspießchen, über dem Feuer gegrillt

TANJIA
Im Tontopf geschmortes Lammfleisch mit eingelegten Zitronen und Zwiebeln

Desserts

CORNES DES GAZELLES
Mandel-Marzipan-Gebäck in Hörnchenform

CHABAKIA
frittiertes Sesam-Honig-Gebäck

BAGHIR
fluffige, gegarte Pfannkuchen

Kalte Getränke

ASIR LAIMUN
frisch gepresster Orangensaft

VAL D'ARGAN
Weiß-, Rot- oder Rosé-Biowein aus der Region Essaouira

SAHARI ROUGE
kräftiger, trockener Rotwein mit leichtem Vanillearoma

Warme Getränke

THÉ À LA MENTHE (ATAI)
Grüntee mit viel Zucker und Pfefferminze

NUSS NUSS
Kaffeegetränk aus halb Espresso, halb Milchschaum

Mo–Fr 7–1.30 Uhr | Rue Echouhada, Ecke Rue al Qadisiya | Tel. 05 24 43 50 43 | Facebook: Extrablatt Marrakech | Hivernage | D5

KSAR ESSAOUSSAN

In einem etwas versteckt gelegenen Riad aus dem 17. Jh. werden traditionelle marokkanische Gerichte wie Tajine oder Couscous serviert, die großartig schmecken. Es gibt nur mehrgängige Menüs *(ab 350 DH pro Person)*. Das Personal ist freundlich, der Empfang herzlich – Reservierung ist unbedingt angeraten. *Mo–Sa ab 19 Uhr, Reservierung ab 9 Uhr | 3, Rue des Ksour | Derb el Messoudyenne | Tel. 05 24 44 06 32 | essaoussanne.com | Mouassine | b3*

LA MAISON ARABE ★

Eins der besten Restaurants von Marrakesch. Klassisch-marokkanische Gerichte wie Couscous und Tajine und jede Menge toller Vorspeisen werden in einem traditionsreichen, herrlichen Palast aufgetischt. Oder du genießt in diesem schönen Ambiente nachmittags nur einen Kaffee oder einen köstlichen Pfefferminztee *(Whisky Marocain)*, der zusammen mit marokkanischem Gebäck stilvoll serviert wird. Ein kleines bisschen fühlt man sich hier wie ein Prinz oder eine Prin-

SO ISST UND TRINKT MARRAKESCH

Nicht nur wenn du bei einer Familie zu Gast bist (und das geht manchmal schneller, als man denkt!), auch wenn du im Restaurant isst, gibt es ein paar typisch marokkanische Gepflogenheiten, die du beherzigen solltest.

Noch aus Kindertagen dürfte dir bekannt sein: Vor dem Essen werden die Hände gewaschen. In Marokko hat diese einfache hygienische Regel einen besonders handfesten Hintergrund: Denn zumindest bei traditionellen Mahlzeiten wird statt mit Messer und Gabel gern mit der Hand gegessen. Doch bitte nur mit der rechten, die linke gilt als unrein. Aber klar: Niemand schaut dich krumm an, wenn du im Restaurant zu Messer und Gabel greifst. Wenn es später dann ans Zahlen geht, wird es schon heikler: Denn getrennte Rechnungen zu ordern ist ein absolutes No-Go! Das verstößt nicht nur gegen die Etikette, sondern überfordert auch so manchen Kellner. Wenn ihr euch also nicht einigen könnt, wer zahlt, vertagt ihr die Debatte auf später und legt erst mal klaglos den gewünschten Betrag hin.

Noch ein paar Worte zum Thema Alkohol: In Marokko, einem muslimischen Land, werden zwar hervorragende Weine angebaut, doch meist wird nur in Restaurants der gehobenen Klasse Alkohol ausgeschenkt. Zum Essen wird fast immer nur Wasser getrunken. Den krönenden Abschluss jeder Mahlzeit bildet ein Glas Tee, das oft auch den Nachtisch ersetzt. Was in Italien der Espresso, ist hier der Whisky Marocain.

Erst essen, dann in den Pool springen? Besser umgekehrt, nicht nur im Maison Arabe

zessin in einem Traum aus 1001 Nacht. Im Haus gibt es noch ein internationales Restaurant, doch das marokkanische ist besser! Reservierung wird empfohlen. *Tgl. mittags und abends | 1, Derb Assehbé | Tel. 05 24 38 70 10 | lamaisonarabe.com | Bab Doukkala | a2*

CHEZ ALI

Der Inbegriff einer Dinnershow: Die Kosten sind hoch für ein durchschnittlich gutes, aber sehr üppiges Essen, die Show mit Tanz, Musik und Reitern ist akzeptabel (ab 450 DH inkl. Transfer ab Hotel). Aber man darf sich nichts vormachen: Das Ganze ist eine Massenveranstaltung, die alle Klischeevorstellungen von 1001 Nacht erfüllt. *Tgl. 19–23 Uhr | Route de Casablanca | Tel. 05 24 30 77 30 | chez-ali-marrakech.blogspot.de | Route de Casablanca | 0*

LA GRANDE TABLE MAROCAINE

Das teuerste Restaurant von Marrakesch gehört dem französischen Sternekoch Yannick Alléno. Viele halten es auch für das beste marokkanische Restaurant überhaupt, obwohl die Speisekarte keine außergewöhnlichen Kreationen auflistet. Doch die traditionellen marokkanischen Gerichte werden extrem raffiniert verfeinert. *Tgl. 19.30–23 Uhr | Hotel Royal Mansour | Arsat Gestion | Rue Abou Abbas el Sebti | Tel. 05 29 80 80 80 | royalmansour.ma | Hivernage | a3*

VILLA DES ORANGERS

Küchenchef Jean-Claude Olry kombiniert französische Haute Cuisine mit

Le Foundouk: Geschmackvoll sind hier nicht nur die marokkanischen Gerichte

marokkanischer Tradition. So entsteht eine leichte, originelle Fusionküche, mit Gerichten wie Ravioli aus Atlasschnecken oder Gambas mit Auberginenkaviar. Da das elegante, geschmackvoll eingerichtete Restaurant des kleinen, feinen Hotels nur wenige Plätze hat, fühlt man sich zwar sehr persönlich bedient, muss aber lange im Voraus reservieren. *Tgl. | 6, Rue Sidi Mimoun | Kasbah-Viertel | Tel. 05 24 38 46 38 | villadesorangers.com | Südliche Medina | c5*

RESTAURANTS €€

AL FASSIA ★

Geballte Frauenpower: Während weltweit in den meisten Toprestaurants Männer den Kochlöffel schwingen, herrschen im mit Abstand besten Restaurant von ganz Marrakesch Frauen über Speisekarte, Service, Küche und Einrichtung, Männer werden nur als Türsteher oder Tajineträger beschäftigt. Gekocht wird im Al Fassia in Guéliz (mit einer Zweigstelle etwas außerhalb in Agdal) nach den Rezepten der Mutter der Besitzerinnen, drei Schwestern, die mit ihrer Küche hohe Gourmetwellen schlagen. Die Lammschulter ist ein Gedicht, das Preis-Leistungs-Verhältnis des Restaurants hervorragend. Mindestens ein paar Tage im Voraus reservieren! *Mi–Mo 12.30–14.30 Uhr und ab 19.30 Uhr | Av. Zerktouni | Tel. 05 24 43 40 60 | Guéliz | C3*

INSIDER-TIPP
Das Beste von den Besten

LA FERME EL DAR

Ein paar Kilometer außerhalb von Marrakesch liegt dieses wunderbare kleine Gästehaus, in dem man auch zu Mittag essen kann. Wer also eine kurze Verschnaufpause braucht von der Hektik in der Medina, kann in einem wunderschönen ländlichen Rahmen lecker essen, ein Glas Wein dazu genießen und danach noch kurz in den Pool springen. *Café ganztägig geöffnet, Restaurant nur mittags und abends, Reservierung empfohlen | Touffana, Route d'Ourika | Tel. 06 64 64 65 49 | laferme-eldar.com | Route d'Ourika | 🕮 0*

INSIDER-TIPP
Auszeit mit Abkühlung

DAR JUSTO

Das Restaurant ist hübsch, klimatisiert und in einem herrlichen Riad untergebracht – auch wenn man nur auf ein Glas Wein, ein Bier oder einen Cocktail kommen möchte, könnte man kaum schöner sitzen. Überall lauschige kleine Ecken auf verschiedenen Ebenen, Kleinigkeiten zum Essen und ein fast vollendeter Service. Eine Perle in der Medina! *Tgl. mittags und abends | 35, Derb Chorfa Lekbir | Tel. 05 24 42 69 99 | darjusto.com | Mouassine | 🕮 c–d3*

LE FOUNDOUK

Das schöne, edel eingerichtete Restaurant hinter der Medersa Ben Youssef bietet marokkanische und internationale Gerichte, wobei insbesondere die marokkanischen überzeugen. Hauptattraktion im Le Foundouk ist aber die wunderschöne Dachterrasse mit toller Aussicht auf die Dächer der Medina, auf der ständig ein leichtes Lüftchen weht. Selbst die heißeste Sommernacht lässt sich hier oben angenehm verbringen. *Do–Di ab 12 Uhr | Souk Hal Fassi | Tel. 05 24 37 81 90 | foundouk.com | Nördliche Medina | 🕮 e1*

GRAND CAFÉ DE LA POSTE

Ein Besuch dieses legendären Restaurants, das in einem Kolonialgebäude von 1925 untergebracht ist – dem früheren Postamt –, ähnelt einer kleinen Zeitreise. Über die weitläufige Eingangshalle im Jugendstil geht es zum Salon, der mit Schwarz-Weiß-Fotografien geschmückt ist. Das Frühstück ist hervorragend, mittags bekommst du kleine Snacks, abends gute Hauptgerichte (mehr international als marokkanisch). Große Terrasse. *Tgl. ab 8 Uhr | Blvd. Mansour ed Dahabi | Tel. 05 24 43 30 38 | grandcafedelaposte.restaurant | Guéliz | 🕮 C4*

LE LOFT

Kleines, feines Restaurant, das sich über zwei Etagen erstreckt. Auf der klassisch-französischen Speisekarte stehen nur wenige marokkanische Gerichte, dazu eine tolle Auswahl an guten Weinen. Ungewöhnlich ist die für Marokko vollkommen untypische Einrichtung mit viel Holz und Stein. Das Publikum ist international, die Menüs wechseln täglich. *Tgl. 12–0 Uhr | 18, Rue de la Liberté | Tel. 05 24 43 42 16 | restaurant-loft.com | Guéliz | 🕮 C4*

MAMMA MIA

Wem der Sinn nach Pizza und Pasta statt nach Tajine und Couscous steht, ist hier bestens aufgehoben. Die Preise sind europäisch, aber bei Pasta und Pizza ist das ja nicht allzu tragisch. Dafür sitzt man sehr schön, speist lecker und fühlt sich plötzlich ganz weit weg von Marokko. *Mo–Fr 12–15.30 und 19–23 Uhr, Sa/So 10–22.30 Uhr, am Wochenende besser reservieren | 18, Rue de la Liberté | Tel. 05 24 43 44 54 | restaurant-mammamia.com | Guéliz | C3*

NOMAD

Mitten in der Medina, nahe am Rahba Kedima, liegt dieses gute Restaurant. Noch besser als das Essen ist hier jedoch die Dachterrasse und der Blick von hier oben auf die Stadt. Drinnen ist es auch schön, aber etwas wuselig. Egal für welchen Platz du dich entscheidest, auf deinen Teller kommen junge, moderne marokkanische Gerichte. *Tgl. 12–23 Uhr | 1, Derb Arjan | Rahba Kedima | Tel. 05 24 38 16 09 | nomadmarrakech.com | Nördliche Medina | d2*

TERRASSE DES ÉPICES

Das Restaurant ist seit Langem in Marrakesch extrem in Mode. Obwohl die Dachterrasse schwarz ist (und es dort vor allem im Sommer extrem heiß wird), findest du nur selten auf Anhieb einen freien Platz. Das Essen, europäisch-marokkanisch, ist lecker, aber nichts Außergewöhnliches, der Kaffee und das Gebäck, das in der hauseigenen Patisserie hergestellt wird (Verkauf im Erdgeschoss), schmecken dagegen einmalig gut. Die Plätze in den kleinen Sitznischen – für persönliche Gespräche wie geschaffen – sind so beliebt, dass man am besten einen Tisch reserviert. *Tgl. 12–24 Uhr | Souk Cherifa | Dar el Bacha | Tel. 05 24 37 59 04 | terrassedesepices.com | Nördliche Medina | d2*

RESTAURANTS €

BEJGANNI

Bejganni ist nicht nur der Name dieses kleinen Restaurants, sondern eines ganzen Viertels. In das Fressparadies kommen viele Einheimische zum

SELBST AM HERD STEHEN UND TAJINE ZAUBERN

Kochen liegt voll im Trend. Und so bieten inzwischen die meisten Riads und Hostels Kochkurse für ihre Gäste an – mit sehr unterschiedlicher Qualität. Empfehlenswert sind die professionellen Kurse im *La Maison Arabe* (s. S. 64), bei denen du unter Leitung eines Kochs bzw. einer Köchin eine Patisserie oder ein Hauptgericht herstellst. Auf Voranmeldung kannst du auch tolle Kochkurse im *Riyad el Cadi (riyadelcadi.com)* buchen. Du wirst dort individuell betreut und gehst gemeinsam einkaufen. Die kleine Kochschule *Souk Cuisine (Tel. 06 73 80 49 55 | soukcuisine.com | d2)* der Holländerin Gemma bietet außerdem vierstündige Kurse (auf Englisch, 50 Euro pro Person) mit gemeinsamem Marktkauf und anschließendem Essen. In einem Riad nahe dem Rahba Kedima bereitest du traditionelle marokkanische Gerichte zu, wie Gemüsesalate, Tajine, Sardinen und süßen Couscous.

Glück gehabt! Da ist noch ein Plätzchen frei in der schwer angesagten Terrasse des Épices

Mittagessen, denn in den kleinen Restaurants, vor allem aber in diesem, gibt es für extrem wenig Geld hervorragendes marokkanisches Essen. Stell dich aber auf Tischdecken aus Papier statt aus Stoff, Brotkörbe aus Plastik und Sägespäne auf dem Boden ein. Wen die schlichte Ausstattung nicht stört, kann bereits für 3 Euro ein tolles Mittagessen bekommen natürlich ohne Bauchweh oder Durchfall hinterher. *Tgl. 10–23.30 Uhr | Rue Ibn Aicha | kein Tel. | Bejganni | C3*

INSIDER-TIPP
Mach's wie die Marrakschis

EARTH CAFÉ

Nette In-Location im belebten Viertel der Rue Zitoun el Kdim. In den Earth Cafés sind vor allem Vegetarier gut aufgehoben, selbst Veganer, die es sonst in Marokko extrem schwer haben, finden das ein oder andere Gericht. Auf einer großen Tafel steht das täglich wechselnde Angebot, häufig in Bioqualität. Das Publikum ist ausschließlich westlich und meist jung. Zwei weitere Ableger vom Earth Café findest du in den beliebten Touristenspots an der Place des Ferblantiers sowie im Souk. *Tgl. ab 11 Uhr | 2, Derb Zawak | Tel. 0660544992 | earthcafemarrakech.com | Südliche Medina | d4*

KOULCHI ZINE

Alles schön! Das heißt nämlich *Koulchi Zine*. Und das ist es in dem hübschen Restaurant auch. Die Preise sind nicht ganz so niedrig wie in den Garküchen, aber für das, was man an Ambiente und Qualität der Speisen be-

Die Aussicht auf den wuseligen Djeema el Fna gibt's im Kessabin gratis dazu

kommt, ist es sehr günstig, und vor allem gibt es gute vegetarische und vegane Gerichte. Einfach super! *Tgl. 10–23.30 Uhr | Rue Zitoune Lakdim | Tel. 05 24 37 75 80 | koulchizine.com | Südliche Medina | d–e 5*

KESSABIN

Das einfache Restaurant am Nordende des Djemaa el Fna bietet ehrliche und gute marokkanische Küche zu einem fairen Preis. Das Essen ist besser als in den meisten anderen einfachen Lokalen rund um den Platz Djemaa el Fna – und die tolle Aussicht von der Dachterrasse (die mit Palmblättern abgedeckt für angenehmen Schatten sorgt) auf den berühmten Gauklerplatz bekommst du außerdem gratis dazu. *Tgl. 9–22 Uhr | Djemaa el Fna | Tel. 06 65 29 37 96 | Facebook: Café Kessabin Medina | Zentrale Medina | d3*

CAFÉ CLOCK

Das coole, witzig eingerichtete Café-Restaurant mit Graffiti im Innenhof, moderner Kunst und 70er-Jahre-Möbeln zieht vor allem junge Leute an – um zu chillen, einen Snack von der außergewöhnlichen Speisekarte zu bestellen (Kamelfleischburger!) oder lecker und günstig zu frühstücken (40 DH). Jeden Samstagabend ab 18 Uhr gibt die Berberfrauenband Houariyat hier ein Konzert. Ein tolles, vollkommen unerwartetes Musikerlebnis! *Tgl. 9–23 Uhr | 224, Derb Chtouka | Kasbah-Viertel | Tel. 05 24 37 83 67 | cafeclock.com | Südliche Medina | G7*

INSIDER-TIPP
Weiberrock

ZEITOUN CAFÉ

Einmal gibt es das (je nach Gericht mal gute oder mal supertolle) einfache Restaurant direkt am Djemaa el Fna *(tgl. 9–1 Uhr | Zentrale Medina | 🕮 d3)* mit schönem Blick auf den Platz, ein zweites Mal im Kasbah-Viertel *(tgl. 9–12 Uhr | Bab Agnaou | Südliche Medina | 🕮 c6)* und ein drittes Mal in Guéliz *(tgl. 9–1 Uhr | 213 Avenue Mohammed V | 🕮 C4)*. Alle sind hübsch eingerichtet und servieren nicht nur köstliche Tajine und Salate, sondern auch Kamelfleisch-Tanjia, also stundenlang im Tontopf geschmortes Fleisch! *Tel. 05 24 42 75 70 | zeitouncafe.com*

LA PAUSE GOURMANDE

Restaurant mit angenehmem, schlichtem Ambiente und leckerem Essen (international und marokkanisch) – der perfekte Platz, um vor oder nach dem Besuch des Jardin Majorelle noch etwas zu sich zu nehmen. *Tgl. 8–18 Uhr | Rue Yves Saint Laurent | Tel. 05 24 29 02 15 | pausegourmande.com | Daoudiyat | 🕮 E2*

LA FAMILLE

Eine echte Oase mitten in der Medina. Ein lichter Hof, viel Grün, weiße Wände, helle Möbel, Köstlichkeiten zu essen und zu trinken: Der perfekte Ort also, um sich nachmittags mal vom Bummelstress zu erholen. Es gibt marokkanisches und europäisches Essen, z. B. Quinoa – sprich: mal was ganz anderes! *Mo–Sa 12–16.30 Uhr | 42 Rue Riad Zitoun Djdid | Tel. 05 24 38 52 95 | Facebook | Südliche Medina | 🕮 e5*

LES JARDINS DE GUÉLIZ

Im hübschen kleinen Gartenrestaurant am Übergang zwischen Guéliz und Hivernage bekommst du inmitten üppiger Blumenpracht gutes Essen zu einem sehr fairen Preis (obwohl auch Alkohol ausgeschenkt wird). Probier das *Steak Frites*, butterzartes Fleisch mit knusprigen Pommes, frischen Fisch oder leckere Tajine. *Mo–Sa mittags und abends | Av. Oued el Markhazine | Tel. 05 24 42 21 22 | Guéliz | 🕮 D4*

CUISINE DE TERROIR

Einfache Küche in einer Superqualität zu einem guten Preis. Mit diesem schlichten Satz ist eigentlich schon alles über das Lokal gesagt. Vielleicht sollte man aber noch hinzufügen, dass die Teller liebevoll angerichtet sind, der Geschmack hervorragend ist und du auf der Dachterrasse sehr gemütlich sitzst. *Tgl. 11–23 Uhr | 118 Rue Kennaria | Tel. 06 10 19 31 83 | Facebook: Cuisine terroir | Zentrale Medina | 🕮 d–e 3–4*

RESTAURANT TERRASSE PALAIS EL BADIA

Direkt gegenüber der Stadtmauer, über dem Eingang zum El-Badia-Palast, liegt dieses Restaurant mit typisch marokkanischen Gerichten. Die Qualität der Speisen ist so weit gut, die Gäste sind meist Touristen, die den großartigen Blick von der Terrasse auf die Storchennester genießen. Insgesamt stimmt das Preis-Leistungs-Verhältnis. *Tgl. ab 11 Uhr | Place des Ferblantiers | Tel. 05 24 38 99 75 | Südliche Medina | 🕮 e6*

SHOPPEN & STÖBERN

Gehörst du zu denjenigen, die ganz schnell dem Kaufrausch verfallen und vor lauter Lust am Shoppen kaum dazu kommen, etwas anderes zu tun, oder bist du eher ein Kaufmuffel, jemand, der so überhaupt keinen Spaß daran findet, Dinge zu erstehen? Ganz gleich, zu welcher Kategorie du gehörst: Marrakesch wird dich umhauen. Die Kaufsüchtigen, weil sie dem Rausch verfallen, die Kaufmuffel, weil sie wachgerüttelt werden, weil sie all ihre Unlust hinter sich lassen und mit offenen Augen und Ohren durch die ★ Souks laufen und die Hand immer häufiger an das Portemonnaie

Pantoffelhelden: Babouches müssen sich nicht verstecken wie andere Hausschlappen

greifen wird. Denn hier liegt es, das Shoppingparadies auf Erden: mitten in den Souks.

Marrakesch lebte und lebt bis heute vom Handel. Die Stadt war der Dreh- und Angelpunkt auf den Karawanenstraßen, die von Europa nach Schwarzafrika führten, und diese Lust am Handeln spürt man bis heute. Doch natürlich beschränken sich die Shoppingerlebnisse nicht auf die Souks! Marrakesch ist auch ein Vorreiter für Concept Stores, Wohndekorationen und Asseccoires. Du wirst es erleben: Marrakesch macht dich arm!

WO MARRAKESCH SHOPPT

ZWISCHEN RUE YOUGOUSLAVIE UND AVENUE AL MANSOUR

Schicke Boutiquen und Modern Art reichen sich die Hand

MENARA MALL

Im größten Shopping-zentrum Marrakeschs gibt es nichts, was es nicht gibt

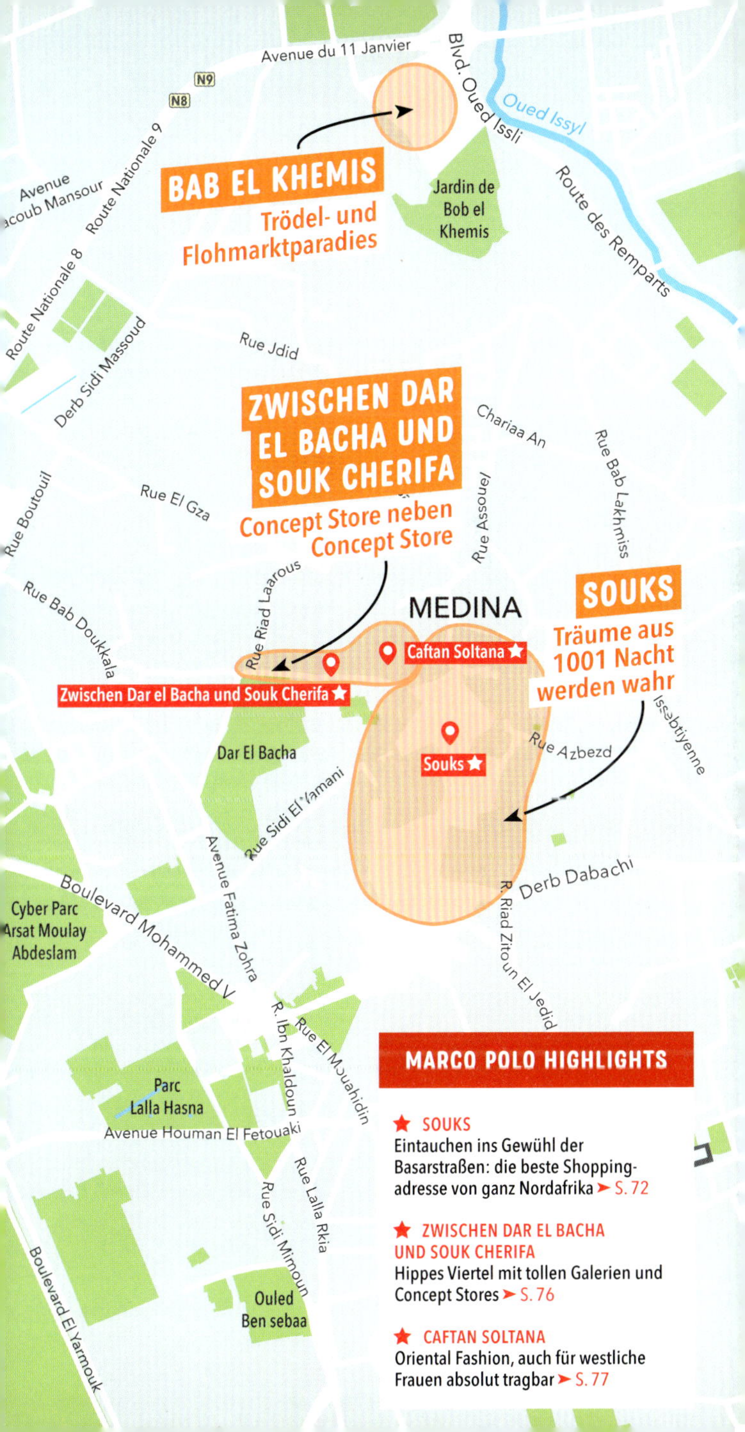

MARCO POLO HIGHLIGHTS

★ **SOUKS**
Eintauchen ins Gewühl der Basarstraßen: die beste Shoppingadresse von ganz Nordafrika ➤ S. 72

★ **ZWISCHEN DAR EL BACHA UND SOUK CHERIFA**
Hippes Viertel mit tollen Galerien und Concept Stores ➤ S. 76

★ **CAFTAN SOLTANA**
Oriental Fashion, auch für westliche Frauen absolut tragbar ➤ S. 77

BEAUTY & KOSMETIK

KECHARÔM

Rein marokkanischer Beautyshop mit tollen Cremes, Seifen, Shampoos, reinen ätherischen Ölen – alles wunderschön verpackt in kleinen Fläschchen, Tübchen, Tütchen. Die Produkte sind von sehr guter Qualität, aber teuer. *Sidi Ghanem | Facebook: Kecharôm | Sidi Ghanem | 0*

L'ART DU BAIN

Auf die Idee muss man erst mal kommen! Alles fürs Bad: Seifen, vor allem auf Arganöl-Basis, Körpermilch, kleine Accessoires fürs Bad. Und weil der Laden seit vielen, vielen Jahren so gut läuft, haben sie sogar einen Online-Shop geschaffen und eine Filiale in Frankreich eröffnet. Doch das Original ist mitten im Souk von Marrakesch! *13, Souk el Badine | artdubain.fr | Nördliche Medina | d1*

WOHIN ZUERST?

Souks *(d2–3)*: Keine Frage, die Souks sollten dein allererster Shopping-Spot sein – vielleicht bleibt es sogar dein einziger. Denn kein anderer Ort in Marrakesch ist so inspirierend für Shoppingbegeisterte wie dieser riesengroße Basar, der eigentlich aus vielen einzelnen Souks besteht, die mit ihren bunten und vielseitigen Warenangeboten zum stundenlangen Bummeln und Schieben durch die labyrinthischen Gassen verführen. Tauche ein in die Welt des orientalischen Markts, aus dem 1001 Träume sind.

LES SENS DE MARRAKECH

Der Laden steht in direkter Konkurrenz zum Kecharôm und hat Filialen in der ganzen Welt. Ähnliche Produktpalette von Creme bis Parfüm, auch alles hübsch verpackt, nur noch etwas teurer und schicker. *Route de Safi | lessensdemarrakech.fr | Sidi Ghanem | 0*

CONCEPT STORES & DESIGNERMODE

Neben klassischen Souvenirläden in und um den Djemaa el Fna setzen sich in Marrakesch immer mehr Concept Stores durch. Solche Läden mit gemischtem Warenangebot – meist zu Festpreisen – gibt es sowohl in der Neustadt als auch in der Medina, vor allem ★ *zwischen Dar el Bacha und Souk Cherifa (d2)* sowie im nördlichen Mouassine, aber auch südlich des Djemaa el Fna. In den Geschäften werden außergewöhnliche Waren verkauft, meist ein gelungener Mix aus marokkanischem und westlichem Design, z. B. Kleidung, Kissen und Textilien oder Körbe, Schilder und Schuhe. Diese findet man nur zum Teil in den Souks. Allerdings darf man sich nichts vormachen: Hier wird auch viel verkauft, was es im Souk um ein Zwanzigfaches günstiger gibt. Herausstechen unter all den Läden tun folgende:

ABURY

Das Label der Deutschen Andrea Bury hat sich auf Taschen, Schuhe, Schals

Her mit Fläschchen, Tübchen, Tütchen: schön verpackte Cremes und Öle im Beautyshop

und Schmuck spezialisiert. Sie greift in ihren Designs alte Berbermuster auf und lässt alle Stücke in Marokko in einer eigens gegründeten Schneiderwerkstatt fertigen. Dort beschäftigt sie Frauen, die sonst nur schwer Arbeit finden würden, und bildet auch aus. Verkauf nur im *Riad Ana Yela (Termin am besten vorher absprechen | 28, Derb Zewal, Nähe Bab el Khemis | Tel. 05 24 38 69 69 | anayela.com | Nördliche Medina | F2)* oder im Internet unter *abury.com.*

CAFTAN SOLTANA ★

Abdellatif ist mit Leib und Seele Designer – dabei bescheiden und freundlich. Deutsch kann er auch noch, und da er alles selbst näht bzw. von seinen Mitarbeitern nähen lässt, werden Änderungswünsche sofort verwirklicht. Seine Stücke sind witzig, sehr kreativ und eine gelungene Mischung aus marokkanischem und europäischem Design – z. B. schicke Blazer aus Djellaba-Stoffen oder Mäntel aus Teppichen. Die Preise sind gehoben, aber nicht abgehoben. Und da jedes Stück ein Unikat ist, ist es sein Geld auch wert. Abdellatif schneidert zudem Wunschkleidung nach Maß. Wer den kleinen Laden mitten im Souk nicht findet: Abdellatif anrufen, er erklärt den Weg! *276, Souk Serrajine | Tel. 06 66 77 75 38 | Nördliche Medina | d2*

INSIDER-TIPP
Passt perfekt!

CHABI CHIC

Die Minikette mit mehreren Geschäften in Marrakesch offeriert ein breites, spannendes Angebot an Kleidung, Stoffen, Geschirr, aber auch an Kunsthandwerk und Körben. Filialen in *Sidi Ghanem (322, Rue Principale | 0)*, in der *Rue Kennaria (hinter dem Café de France | Zentrale Medina | d3–4)* sowie im Restaurant *Nomad* am *Rahba Kedima (Nördliche Medina | d2)*. *chabi-chic.ma*

KAFTAN QUEEN

Tolle Boutique, die vor allem orientalische und westliche Mode zu tragbaren Kleidungsstücken kombiniert. Oriental Fashion vom Feinsten: hochpreisig, edel, auch schön nur zum Anschauen. *61, Rue Yougouslavie | Facebook: Kaftanqueen | Guéliz | ▯ C3*

ATIKA

Wer Schuhe liebt, wird Atika lieben. Ganz gleich, ob du nach Markenschuhen à la Prada oder Tod's suchst oder marokkanische Designs bevorzugst: Atika hat alles! Die Schuhe sind bunt, witzig, vor allem Mokassin-Fans werden auf ihre Kosten kommen. Denn die gibt es hier in allen Farben und Formen. *Rue de la Liberté | Guéliz | ▯ C3*

BOUTIQUE AZIZ BOURZIQ

Etwas teurer als die meisten, doch dafür macht Aziz auch wirklich tolle Kleidung, vorwiegend aus traditionellen Stoffen. Er arbeitet dabei häufig Schmuck ein und kreiert so einen außergewöhnlichen Stil. Im Laden liegen auch Schachteln aus mit allerhand einzelnen Schmucksteinen oder Perlen. Wenn sie nicht offen rumliegen, frage danach, und gestalte deinen eigenen Schmuck! *Derb Lghsal (am Ausgang des Jardin Secret) | Mouassine | ▯ c2*

INSIDER-TIPP
Aus Alt mach Neu

33 RUE MAJORELLE

Toller Concept Store direkt gegenüber vom Jardin Majorelle. Hier bekommst du wirklich ausgefallene Sachen, oft Unikate – Klamotten, Hüte, Schmuck und Geschirr, vor allem aber Lampen und Inneneinrichtungsdeko. Wer hier länger stöbert, kommt voll beladen wieder raus. *33, Rue Yves Saint Laurent | 33ruemajorelle.com | Daoudiyat | ▯ D–E 2*

Alles drin: In Concept Stores findest du viele schöne Sachen – von der Tasse bis zum Tisch

MAX & JAN

Im ältesten und wohl auch hipsten Concept Store von Marrakesch gibt es – in einem alten Hinterhof auf Loft gemacht – Klamotten, Kerzen, Bilderrahmen und allerhand Schischi, von dem man nicht wusste, dass es existieren kann. Die Preise sind heftig, die Auswahl jedoch ist witzig und sehenswert. Angeschlossen ist ein Restaurant, außerdem kannst du Yogakurse besuchen. *14, Rue Amsfah | maxandjan.ma | Nördliche Medina | 🕮 d1*

KUNST & DEKO

Wer „richtige" Kunst sucht, findet vor allem in Guéliz ein paar gute Galerien. Die *David Bloch Gallery (Rue des Vieux Marrakchis | davidblochgallery.com | Guéliz | 🕮 C3)* ist eins der etabliertesten Häuser, auch die *Matisse Art Gallery (61, Rue de Yougouslavie | Facebook: Matisse Art Gallery | Guéliz | 🕮 C3)* hat einen guten Ruf und handelt mit zeitgenössischer marokkanischer Kunst. Auf Fotografie spezialisiert ist die *Galerie 127 (127, Av. Mohammed V | galerie127.com | Guéliz | 🕮 C3)*, und die *Galerie Ré (3, Rue de la Mosquée, Ecke Ibn Toumert | galeriere.com | Guéliz | 🕮 D3)* verkauft Gemälde, Skulpturen und Textilarbeiten einheimischer Künstler.

Doch wo hört Kunst auf und beginnt Deko? In Marrakesch sind die Übergänge oft fließend. Viele Dekogegenstände sind von Hand hergestellte Einzelstücke. Solche Unikate findest du insbesondere in den Souks und im Industrieviertel Sidi Ghanem am Rande der Neustadt.

D&CO – DESIGN & CO

Ausgefallener Laden mit Skulpturen und Möbeln, Bildern, Kunst und Fotografie. *Sidi Ghanem | designandcomarrakech.over-blog.com | Sidi Ghanem | 🕮 0*

KUNSTHANDWERK

In den Souks findest du so ziemlich alles, was das Herz begehrt. Herrlicher Schmuck, Teekannen und Kupferarbeiten sind ebenso beliebt wie Eisenwaren, Laternen und kleinere Möbelstücke. Aber nicht nur die Souks sind eine wahre Fundgrube für Kunsthandwerk. Daneben gibt es zwei staatliche Kunsthandwerksläden *(Centres Artisanaux)*. Einer liegt gegenüber vom Cyberpark in der Avenue Mohammed V *(Zentrale Medina | 🕮 b3)*, der andere in der Rue de la Kasbah, unweit der Saadiergräber *(Südliche Medina | 🕮 F6–7)*. Beide bieten zu (überteuerten) Festpreisen marokkanisches Kunsthandwerk an. Die Läden sind super, um sich einen ersten Überblick zu verschaffen.

Die Töpferwaren, die in Marrakesch angeboten werden, werden fast alle in Safi, rund 160 km nordwestlich von Marrakesch, hergestellt. In den Souks stapelt sich jede Menge Getöpfertes, wer es deutlich günstiger haben will, kann auch die Großhändler im Viertel *Arset el Bilk (🕮 C5)*, südlich des Djemaa el Fna und nördlich des Kasbahviertels, aufsuchen. Die größte Auswahl und Schnäppchenpreise bieten die Händler an der *Route de Ouarzazate (Route*

INSIDER-TIPP
Töpferwaren zum Minipreis

de Ouarzazate | *🕮 J4–5)*.. Nahe der Stadtmauer verkaufen sie ihre Produkte direkt an der Straße, und zwar deutlich günstiger als in den Souks, denn hier kaufen kaum Touristen ein. Ein Taxi dorthin sollte dich maximal 20 DH kosten – am besten sagst du: „Route de Ouarzazate, les potteries."

YAHYA CREATION

Supermodern, superteuer, superschöne Lampen! Wer die Messinglampen im Souk zwar liebt, es aber gern etwas moderner hätte, muss einfach zu Yahya. Hier ist alles 2.0. Außer Lampen gibt es auch Kerzenständer, Möbel und allerlei Dekoratives zum Einrichten. Selbst wer nicht kaufen möchte, sollte schauen kommen. Es ist wie ein Besuch in einer anderen Welt. *61, Rue Yougouslavie* | *yahya-group.com* | *Guéliz* | *🕮 C4*

LEBENSMITTEL

Gewürze, Oliven und Minze (tolle Mitbringsel!) kaufst du am besten direkt am Eingang vom Djemaa el Fna in die Souks, gleich hinter dem *Zeitoun Café (Zentrale Medina* | *🕮 d3)*.

Quirlige Markthallen mit guten Gewürzen und allen Lebensmitteln, die das Herz begehrt, gibt's am Rande der *Mellah (Südliche Medina* | *🕮 e5) (Marché du Mellah)*. Das günstigste und frischeste Gemüse sowie Gewürze und Dinge des täglichen Lebens bekommst du auf dem *Großmarkt in Sidi Ghanem (an der Bahnlinie nördlich der Route de Safi* | *Sidi Ghanem* | *🕮 0)*.

Auch Supermärkte in westlichem Stil gibt es: *Acima* hat eine Filiale in *Guéliz (Blvd. Abdel Krim el Khattabi, Ecke Av. Mohammed V* | *🕮 B3)* und eine am

FEILSCHEN IN DEN SOUKS

Handeln gehört zum guten Ton. Und doch fällt es Europäern häufig schwer, sich darauf einzulassen. Wirf deine Scheu über Bord, und lass dich auf das Abenteuer ein. Du wirst merken, es macht richtig Spaß. Nicht selten wird beim Verkaufsgespräch auch ein Tee angeboten, sodass der ganze Vorgang manchmal mehrere Stunden dauern kann. Grundsätzlich gibt es keine festen Regeln, was wie viel runtergehandelt werden kann. Die staatlichen Kunsthandwerksläden *Centres Artisanaux* geben zwar einen groben Überblick über die Preise, doch zum einen sind die Preise dort stark überzogen, zum anderen findet man dort auch nicht alles, was es im Souk gibt. Insofern ist der beste Tipp, sich zunächst zu fragen: Was möchte ich ausgeben? Dann erkundige dich so nebenbei, was dies und das kostet. Und wenn du den Preis hörst, schlägst du – je nach theatralischem Talent – die Hände über dem Kopf zusammen, lächelst ablehnen, brichst in Tränen aus oder startest zum Gegenangriff. Nenn einen Preis, der ungefähr so weit unter deinem Wunschpreis liegt wie der Preis des Verkäufers darüber, damit ihr euch irgendwo dazwischen trefft.

Koriander, Kurkuma, Kardamom: Gewürze bekommst du am besten auf dem Markt

Jardin Majorelle (Av. Yacoub el Mansour | Daoudiyat | 🕮 D3). *Carrefour* ist in den Shoppingcentren *Carré Eden* (Guéliz | 🕮 C3) und *Menara Mall* (Hivernage | 🕮 C6) vertreten sowie direkt an der Stadtmauer *(Blvd. Yarmouk* | Hivernage | 🕮 D4). Neben europäischen Lebensmitteln und Hygieneprodukten werden dort auch alkoholische Getränke verkauft. Und die marokkanische Kette *Marjane* führt im riesigen Supermarkt an der Avenue de Safi (Route de Casablanca | 🕮 0) alles – außer Alkohol.

SHOPPINGZENTREN

Zwei Shoppingzentren findest du in der Neustadt: Das *Carré Eden* liegt in Guéliz *(Avenue Mohammed V* | 🕮 C3), die riesige ☂ 🌡 *Menara Mall* in Hivernage *(Avenue Mohammed VI, Ecke Avenue Prince Moulay Rachid* | 🕮 C6). Beide bieten eine Fülle an westlichen Läden, Designerlabels, Modeketten, Cafés, Restaurants und Fast-Food-Läden. Die *Menara Mall* hat noch einen Vorteil: Während die Kinder sich im Spieleparadies vergnügen, genießen Eltern die Aussicht vom Café im Obergeschoss.

TEXTILIEN

Sehr beliebte Mitbringsel sind Schals, sogenannte *Schasch*, die häufig mit Touareg assoziiert werden. Sie sind ein hervorragender Sonnenschutz und meist hellblau mit dunkelblauen Spitzen – Blau ist die Farbe der Wüste –, aber es gibt sie auch in allen anderen Farben. Du bekommst sie überall im Souk in unterschiedlichen Qualitäten und Farben.

AUSGEHEN & FEIERN

Marrakesch ist eine Partystadt, keine Frage. Aber nicht jeder kann sich die Party auch leisten. Zumindest nicht, wenn sie in den etablierten Bars, Clubs, Diskos und Restaurants steigt. Deshalb flaniert man in Marrakesch so gern, am liebsten auf dem *Djemaa el Fna*. Abend für Abend strömen Tausende von Menschen hierher, bummeln über den Platz und durch die angrenzenden Straßen und Gassen. Aber auch Guéliz ist ein sehr beliebter Stadtteil, um abends gemütlich zu flanieren. Vor allem junge Marrakschis zieht es hierher, etwa in die vielen schönen Cafés entlang der Avenue Mo-

Essen, Tanzen, Livemusik hören und einen Cocktail schlürfen: Geht alles im Jad Mahal

hammed V. Die Upperclass jedoch feiert in Clubs, in Bars oder Diskos. Die meisten finden sich in Guéliz oder Hivernage. Während die Bars in Marrakesch meist einen ganz eigenen euro-marokkanischen Charme haben, sind Clubs und Diskos kaum anders als in Europa. Während in Bars der Eintritt frei ist (und ausschließlich an den überteuerten Drinks verdient wird), kosten die meisten Clubs und Diskos zwischen 150 DH und 250 DH Eintritt. Während des Fastenmonats Ramadan sind alle Bars, Clubs und Diskos deutlich leerer als im restlichen Jahr.

WO MARRAKESCH AUSGEHT

MARCO POLO HIGHLIGHTS

★ **BAR CHURCHILL**
30er-Jahre-Feeling: seit Churchills Zeiten kaum verändert ➤ S. 86

★ **JAD MAHAL**
Feiern auf höchstem Niveau: viele Livekonzerte, Topservice und super Atmosphäre ➤ S. 90

★ **DAR BELLARJ**
Tolle Veranstaltungen: kulturell, klassisch, ganz besonders ➤ S. 91

★ **EPICURIEN**
The Place to be für alle, die in Marrakeschs Nachtleben abtauchen wollen ➤ S. 86

Clubs und Bars verlangen nur dann Eintrittspreise, wenn sie keinem Restaurant angeschlossen sind. Frauen kommen aber auch dann oft (aber nicht garantiert) ohne Eintritt rein.

BARS

LE 68 BAR À VIN

Der perfekte Platz für Leute, die abends gerne ein oder zwei Glas Wein trinken möchten – guten Wein –, ohne dabei gleich ein ganzes Menü verputzen zu wollen. Neben der großen Weinauswahl werden auch Kleinigkeiten zum Essen angeboten, sodass du hier in aller Ruhe einen angenehmen, entspannten Abend verbringen kannst. Ganz ohne Show und Tanz! *Tgl. 19–2 Uhr | 68, Rue de la Liberté | Tel. 05 24 44 97 42 | Guéliz | 🕮 C3*

EPICURIEN ★

Die zurzeit wohl angesagteste Adresse Marrakeschs unter Expats, reichen Marokkanern, Golfarabern und Touristen ist die Restaurant-Bar-Lounge im Es Saadi Hotel. Jeden Abend Livemusik – immer vom Besten! Wer wissen möchte, wie das Nachtleben in Marrakesch funktioniert, lernt es hier! *Av. el Quadisia | Tel. (für Reservierungen) 06 63 05 57 04 | essaadi.com | Hivernage | 🕮 D5*

WOHIN ZUERST?

Wer das moderne Nachtleben sucht, sollte als allererstes nach **Guéliz** fahren. Rund um die **Place du 16 Novembre** *(🕮 D4)*, einen der beliebtesten Plätze der Neustadt, ist abends immer die Hölle los. Außerdem liegen die meisten Clubs und Bars in Laufnähe von hier. Allerdings brauchst du nirgendwo vor 22 Uhr auftauchen. Denn erst dann beginnt die Nacht vor Ort.

BUDDHA BAR

Groß, größer, Buddha Bar. Sie ist die In-Bar Marrakeschs schlechthin. Schicker geht's nicht: jazzige Musik, außergewöhnliche DJs, buntes Publikum, extrem hohe Preise (200 DH für einen Gin Tonic) und so gut wie immer rappelvoll. *Tgl. 20–3 Uhr | Av. Prince Moulay Rachid | Tel. 05 24 45 93 00 | buddhabar.ma | Hivernage | 🕮 C6*

LING LING

INSIDER-TIPP
Drinks aus Meisterhand

Die besten Cocktails der Stadt, vielleicht sogar die einzigen wirklich guten! Denn die Barkeeper von Ling Ling verstehen ihr Handwerk. Sie müssen bei Meistern lernen, bevor sie auf Gäste losgelassen werden. Das Ambiente ist kolonial-marokkanisch, der Service perfekt. *Tgl. 20–1 Uhr | Route du Golf Royal | Tel. 05 24 29 88 88 | mandarinoriental.de/marrakech | Palmeraie | 🕮 0*

BAR CHURCHILL ★

Kein Drink ohne Dresscode: In dieser Bar, in der bereits Winston Churchill seinen Whisky schlürfte, hat man versucht, alles so zu belassen, wie es schon zu seiner Zeit aussah. Natürlich neuer, schicker, der jetzigen Zeit angepasst, aber doch ganz im Stil der

1930er-Jahre, als sie eine der legendärsten Bars der Welt war. Heute trifft man hin und wieder Stars und Sternchen und natürlich die Schickeria der Stadt. *Tgl. 18–1 Uhr | Av. Bab Djdid | im Hotel La Mamounia | mamounia.com |* *Zentrale Medina | A5*

CAFÉ ARABE

Mitten in der Medina liegt diese Bar mit Restaurant und herrlicher Dachbar. Sie ist eine der ganz wenigen Adressen in Mouassine, wo man abends Alkohol bekommt. Der perfekte Ort also, um abends seinen Sundowner zu schlürfen oder nach einem guten Abendessen einen Digestiv auf der Rooftop-Bar zu trinken. Nette Stimmung. *184, Rue Mouassine | Tel. 05 24 42 97 28 | Mouassine | c2*

Ganz cool: Wer in der Buddha Bar am DJ-Pult steht, versteht was von seinem Geschäft

EL FENN COCKTAIL BAR

Eine der schicksten Bars in der Medina. Ganz privat sitzt du auf der Dachterrasse des traumhaften Riad el Fenn oder in einem der Salons des alten Palastes mit großem Innenhof. Zu Cocktails und Wein werden marokkanische Tapas gereicht. Wer auch zum Essen bleiben möchte, sollte mindestens einen Tag vorher reservieren! *Tgl. | Derb Moulay Abdoullah Ben Hezzian | Bab el Ksour | Tel. 05 24 44 12 10 | el-fenn.com | Nördliche Medina | c3*

THE PEARL SKY BAR

Rund um einen Pool auf dem Dach sitzt man schön mit super Blick auf die Palmeraie, den Hohen Atlas und die alte Stadtmauer. Es gibt internationale Kleinigkeiten zu essen, Drinks aller Art, und hin und wieder spielt eine Salsaband hier oben. Da kommt ein bisschen Latin-Gefühl auf – und das mitten in Marrakesch! *Tgl. 22–3 Uhr | im Hotel The Pearl | Ave. Echouhada, Rue des Temples | Tel. 05 24 42 42 42 | thepearlmarrakech.com | Hivernage | ◫ E5*

KOSYBAR

Bar mit dem schönsten Blick auf die Place des Ferblantiers, die Koutoubia und den Hohen Atlas. Zum Essen nicht der richtige Platz, aber die perfekte Location für einen Sundowner oder Absacker mit Aussicht. *Tgl. 20–4 Uhr | Place des Ferblantiers | Mellah | Tel. 05 24 38 032 24 | kosybar.com | Südliche Medina | ◫ e6*

CANTOBAR

Wenn schon Karaoke, dann hier! Die Cantobar ist der Place to be, wenn es darum geht, das Mikrofon zu greifen und zu singen. Zur Auswahl stehen arabische, aber auch französische und englische Songs, Topcharts und nostalgische Chansons. Zwei Bars sind angeschlossen – super Location für alle, die entweder musikalisch sind oder sehr mutig. *Tgl. 20–4 Uhr | 38/39 Bd. Moulay el Hassan | Tel. 05 24 43 33 50 | cantobar-marrakech.net | Hivernage | ◫ D5*

LE BAR DU ROYAL MANSOUR

Die edelste Bar in ganz Marrakesch! Hier war der König am Werk, denn noch luxuriöser kann eine Bar kaum eingerichtet sein: mit Blattgold, Marmor und Silber. In der Cocktailbar des Hotel Royal Mansour nehmen die Gäste bei leiser, dezenter Livemusik einen Drink oder zwei, genießen das Art-déco-Ambiente und wissen, das jeder Schluck, den man zu sich nimmt, eine fünfköpfige marokkanische Familie einen Tag lang ernähren könnte.

Absacker mit Aussicht: Von der Kosybar aus liegt dir Marrakesch zu Füßen

Doch man gönnt sich ja sonst nichts … *Tgl. | Arsat Gestion | Rue Abou Abbas el Sebti | Tel. 05 29 80 80 80 | royalmansour.com | Zentrale Medina | ◫ a3*

PIANO JAZZ BAR

Sehr gediegen, sehr vornehm, sehr schön. Man sitzt im alten Palais, trinkt stilvoll seinen Whisky oder doch lieber ein Glas Weißwein, genießt die angenehme Barmusik im Hintergrund und vergisst die Zeit. Bin ich im Heute oder doch eher im Jahr 1920? Alles ist möglich! *Tgl. | im Maison Arabe | Bab Doukkala | Derb Assehbi | Tel. 05 24 38 70 10 | lamaisonarabe.com | Nördliche Medina | ◫ E4*

CLUBS & DISKOS

LE THÉÂTRO

Der Club im Hotel Es Saadi gehört zu den schicksten Adressen der Stadt. Livemusik, internationale DJs und entsprechendes Publikum heizen die Stimmung ein. *Tgl. 23–4 Uhr | Eintritt 30 Euro | Rue Ibrahim el Mansini | Tel. 06 64 86 03 39 | theatromarrakech.com | Hivernage | ◫ D5*

BABOUCHKA

Dieser Club wurde 2019 eröffnet als Nachfolger des international auftretenden Raspoutine-Clubs. Bekannte DJs legen hier bevorzugt Elektro auf, das junge Publikum tanzt und feiert vor allem am Wochenende bis in den frühen Morgen hinein. *Tgl. 23.30–5 Uhr | Eintritt 60 Euro | 10, Rue Haroun Errachid | Tel. 06 16 60 94 70 | babouchka-marrakech.com | Hivernage | ◫ E5*

555

Total angesagt unter den Youngstern in Marrakesch ist der legendäre Beachclub 555, der ursprünglich aus Tanger kommt und nun in Marrakesch seine Pforten geöffnet hat. Hierher kommt man zum Tanzen, zum laut Musik hören und Feiern. Am Wochenende treten häufig Livebands auf oder in Marokko angesagte Djs. *Tgl. 23–5 Uhr | Bd. Mohammed VI | Tel. 06 78 64 39 40 | beachclub555.com/Marrakech/555marrakech.php | Agdal | ◫ 0*

SO LOUNGE

In diesem schicken Club im Sofitel-Hotel treffen sich die Reichen und Schönen. Der Dresscode heißt „elegant", also kommt kein Mann ohne Schlips rein, keine Frau ohne edles Outfit. Sehr schönes Interieur, um einiges stilvoller als die meisten Diskos. Beschallt wird mit orientalischen und internationalen Klängen, hin und wieder auch mit Livemusik. *Tgl. 20–6 Uhr | Eintritt frei | Rue Haroun Errachid | Tel. 06 56 51 50 09 | Facebook: So Marrakech | Hivernage | ◫ E5*

THE LOTUS CLUB

Der Club hat sich auf Tanz und Performance spezialisiert und ist mit allabendlicher Livemusik und hohen Preisen ganz auf ein Upperclass-Publikum zugeschnitten. Auch wenn du hier vor Beginn der Show zu Abend essen kannst: Komm lieber erst nach dem Dinner her. *Tgl. 20–6 Uhr | Eintritt frei | Rue Ahmed Chaouki | Tel. 06 24 42 17 36 | lotusclubmarrakech.com | Hivernage | ◫ D5*

DINNER SPECIALS

COMPTOIR DARNA

Edles Ambiente, mit Kerzen, plüschigen Sofas, hervorragendem Service und interessanter marokkanischer Speisekarte im oberen Preisniveau. Ab 22 Uhr kommt zum Essen und dem guten Wein noch eine niveauvolle Show mit Bauchtanz und Musik, die Spaß macht. Orient pur! *Club tgl. 19–3 Uhr, Restaurant tgl. 19.30–1 Uhr, Reservierung empfohlen | Av. Echouhada | Tel. 05 24 43 77 02 | comptoirmarrakech.com | Hivernage | D5*

JAD MAHAL ★

Restaurant-Bar mit Showbühne, gutem Essen und ausgelassener Stimmung. Hier wird gleichzeitig gegessen und Livemusik gehört, und wer nicht mehr sitzen mag, springt auf die Tanzfläche. Reservierung ist unbedingt ratsam, zumindest wenn du auch essen willst. *Tgl. 20–3 Uhr | 10, Rue Haroun Errachid | Tel. 05 24 43 69 84 | palaisjadmahal.com | Hivernage | E5*

MAMA AFRIKA

Der perfekte Ort für alle, die weder Alkohol noch Disko brauchen, um gute Laune zu haben! Die (Live-)Musik sorgt fast immer für super Stimmung.

INSIDER-TIPP
Mamas Special

Zwar gibt's keinen Alkohol, aber du wirst ihn nicht vermissen! Probier unbedingt die alkoholfreien Cocktails! Die sind richtig lecker. *Rue Oum Errabia | Tel. 05 24 45 37 82 | Facebook: Mama Afrika Marrakech | Guéliz | D4*

LE SALAMA

Gutes Restaurant mit Bauchtanzshow ab 21.30 Uhr. Die Einrichtung ist dunkel-gediegen, das Ganze etwas weniger professionell als im Comptoir Darna, dafür aber günstiger. Nett ist es allemal. Verpass nicht, zum Sonnenuntergang auf der schönen, chilligen Dachterrasse einen Drink zu schlürfen und dabei dem bunten Geräuschteppich des Djemaa el Fna zu lauschen – und wenn du schon dort isst, dann bestell dir als Dessert unbedingt den Schokokuchen. Der ist wahnsinnig lecker!

INSIDER-TIPP
Schoko mit Showeinlage

Tgl. 11–1 Uhr | Rue des Banques | Tel. 06 63 51 99 92 | Facebook: Le Salama Marrakech | Zentrale Medina | d3

LE BLOKK

Wer in eine andere Welt abtauchen möchte, ist hier absolut richtig. Das Essen ist eher Nebensache (obwohl es gar nicht so schlecht ist), die Bühnenshow dagegen ein Spektakel auf hohem Niveau. Marokkanische und internationale Musiker spielen auf, es wird getanzt, die Stimmung ist bestens. Reservierung ist angebracht. *Di–So 20–2 Uhr | Palmeraie | Tel. 06 74 33 43 34 | leblokk.com | Palmeraie | 0*

OPER/BALLETT/ KONZERTE/LESUNGEN

Im *Dar Cherifa* (s. S. 39) und dem *Musée de Mouassine* (s. S. 38) finden regelmäßig abends Kulturveranstaltungen statt. Die beste Übersicht über klassische Konzerte, Oper- und Ballett-

Erst lecker essen, dann zuschauen, wie der Bauch wackelt: Orient pur im Comptoir Darna

aufführungen gibt es auf *aammarrakech.com*. Dort kannst du auch online Karten bestellen – und solltest du denken, das kann nicht sein: In Marrakeschs einziger Kirche gibt es einen tollen Chor! Er singt jeden Sonntag bei der Messe *(10–11 Uhr | Rue Ibn Hanbal | Hivernage | D4)* – und besonders schön zur Christmette an Heiligabend. Hier bist du unter lauter Einheimischen!

INSIDER-TIPP
A cappella ganz christlich

DAR BELLARJ ★

Das „Haus der Störche" (hier gab es angeblich früher ein Krankenhaus für Störche) gegenüber der Medersa Ben Youssef wurde von der Schweizerin Susanna Biedermann gegründet. In dem kleinen Kulturzentrum finden regelmäßig Veranstaltungen statt, meist klassische Konzerte, manchmal Lesungen oder Vernissagen. Vor allem während des Ramadans laufen spannende Events. *Place Ben Youssef, Ecke Rue Baroueddine | Facebook: Dar Bellarj | Nördliche Medina | d1*

CASINO

GRAND CASINO MAMOUNIA

Die Würfel fallen, *rien ne va plus*. Das Luxushotel La Mamounia hat sein eigenes Casino, das ist zwar nicht ganz so herrlich wie der restliche Palast, aber immer noch schön. Hier kannst du pokern, Blackjack oder Roulette spielen, und natürlich gibt es auch ein paar Spielautomaten. *Tgl. 15–5 Uhr | Av. Bab Djdid | Tel. 0524444570 | grandcasinomamounia.com | Kleiderordnung: Herren Anzug, Damen schick | Zentrale Medina | a5*

AKTIV & ENTSPANNT

Chill-Stunde: im Kerzenlicht gemütlich draußen sitzen und plaudern

SPORT, SPASS & WELLNESS

HAMMAM & SPA

Der Hammam ist aus dem marokkanischen Leben nicht wegzudenken. Er stammt noch aus der Zeit, als man zu Hause kein warmes Wasser hatte. Obwohl das heute natürlich anders ist, hat sich die Tradition des Hammam erhalten. Es gibt zwar auch einfache, traditionelle Hammams, doch die allermeisten Besucher wird es eher in einen Hammam-Traum aus 1001 Nacht ziehen, wo du im Dampfbad schwitzst und dann massiert wirst. Im Ruheraum gibt es dann zwischen Rosenblättern und weißen Laken einen Tee. Versuch es im ☂ *Mythic Oriental Spa (Ryad Laarous | Tel. 05 24 38 41 61 | mythicoriental-spa.com),* da wirst du garantiert nicht enttäuscht!

YOGA

Gerade stehen, tief Luft holen, Arme nach oben strecken, weit öffnen und ganz langsam wieder ausatmen, während die Arme wieder sinken. Ein leichter Luftzug weht über das Haar, in der Ferne ruft ein Muezzin. Das ist Yoga auf dem Dach des *Riad Be Marrakech (be-marrakech.com).* Täglich werden hier, genauso wie im *Riad Dar Anis (marrakechyogastudio.com)* bis zu dreimal Yogasessions von 75 Minuten auf dem Dach des Hauses angeboten – bei schlechtem Wetter auch in den schönen Innenräumen. Wer will, kann einfach dazustoßen.

INSIDER-TIPP **Nur für dich!**

Falls du lieber eine Einzelstunde buchen willst: Kontaktier Sally Goldfinger *(facebook.com/sally.goldfinger).*

FAHRRADTOUREN

Keine Angst vor Autos! Marrakesch per Rad zu erkunden kostet zwar am Anfang etwas Überwindung, doch hat man es erst mal raus, ist es ganz einfach. Es gibt in und um Marrakesch viele Verleihstationen. Doch das beste

Beten vorm Altar? Nein, das ist ein Spa!

System hat *Medina Bike (medinabike.ma)*, das Leihräder an insgesamt zwölf Stationen in der Stadt verteilt hat (Mieten geht einfach über die App, die ersten 30 Min. sind kostenlos). Wer ungern alleine fährt, kann bei *Marrakech Ciry Bike Tour* geführte Radtouren durch die Stadt oder die Palmeraie buchen. Das geht ganz individuell oder in der Gruppe.

WASSERSPASS

Aquaparks boomen in der Berbermetropole. *Oasiria (oasiria.com)* ist der etablierteste und schönste. Die besten Rutschen aber hat der *Eden Aquapark (edenaquapark.com)*. Beide verlangen hohe Eintrittspreise, bringen aber viel Spaß an heißen Tagen. Wer es etwas gediegener mag, sucht den *Beldi Country Club (beldicountryclub.com)* auf, wo man am herrlichen Pool auch zu Mittag essen kann oder einen Hammam besuchen kann.

TREKKING

Der Hohe Atlas liegt direkt vor der Tür. Wenn du also Berge brauchst, Bewegung in der frischen Luft und etwas Kühle, dann fahr mit dem Grand Taxi nach Imlil am Fuß des Djebel Toubkal, des höchsten Bergs von Nordafrika (4167 m). Hier kann man super wandern. Du kannst dort auch einen Bergführer anheuern, falls du auf die Spitze des Berges möchtest *(ab 300 DH pro Tag | bureaudesguidesimlil.com)*.

KAMELREITEN

Okay, ein Trekking mit Kamelen durch die Wüste: Das ist in Marrakesch nicht drin. Aber immerhin kann man vor den Toren der Stadt *Kamelreiten*. Vor der Stadtmauer beim Hotel Mamounia oder im Palmengürtel rund um die Stadt warten die Tiere auf mutige Reiter. Rechne mit 100 DH für eine halbe Stunde Kurzritt auf dem Wüstenschiff.

FESTE & EVENTS

Marrakesch bietet jede Menge Großveranstaltungen und Feste, um seinem internationalen Publikum und seinem Ruf als Trendmetropole gerecht zu werden. Religiöse Feste wie das Zuckerfest am Ende des Ramadan oder das viertägige Opferfest (auch Hammelfest genannt) richten sich nach dem islamischen Kalender und verschieben sich Jahr für Jahr um ungefähr zehn Tage nach vorn, abhängig vom Mondstand (Daten s. S. 119). Findet ein Fest z. B. im Jahr 2020 am 20. Mai statt, wird es 2021 voraussichtlich am 10. Mai sein. Falls die Mondsichel aber dann nicht zu sehen ist, kann sich das Fest auch um bis zu drei Tage verschieben.

JANUAR

Marathon & Semi Marathon International de Marrakech: Ganz Marrakesch ist auf den Beinen. Entweder läuft man selber beim Parcours durch die Neustadt mit oder man feuert lautstark an. *marathon-marrakech.com*

FEBRUAR

Contemporary African Art Fair: Mehr als 20 internationale Galerien präsentieren zeitgenössische afrikanische Kunst im Hotel La Mamounia. Viele Jahre fand im Februar die Marrakech Biennale statt. 2018 musste sie aus Geldmangel aussetzen. Ob sie wieder stattfindet, steht derzeit noch in den Sternen (Infos und aktueller Stand auf *marrakechbiennale.org*). Ungewiss ist, wie es mit der Art Fair weitergeht, wenn die Biennale zurückkommen sollte. *1-54.com/marrakech*

MÄRZ

Rallye Maroc Classic: Die Oldtimerrallye führt von Marrakesch über 2300 km und in 7 Tagen durch ganz Marokko. *rallye-maroc-classic.com*

Hollywood in Marrakesch: großer Auftritt für das Top-Event des Jahres

APRIL

Festival Jardin d'Art: Das Gartenkunstfestival wird jedes Jahr von der Zeitschrift „Les jardins du Maroc" organisiert – unter der Schirmherrschaft von Prinzessin Lalla Hasna, der Schwester des Königs. Gartenanlagen werden nachgebaut, Schautafeln informieren darüber, wie wichtig es ist, Grün in die Stadt zu bringen.

JUNI

Marrakech du Rire: Zum großen Lachfestival treten Komiker aus dem gesamten französischsprachigen Raum auf Bühnen in Parks und in den großen Hallen der Stadt auf. *marrakechdurire.com*

Festival National des Arts Populaires de Marrakech: großes Folklorefestival, das Musikgruppen aus dem ganzen Land anzieht. Wegen der malerischen Kulisse treten sie gern an Plätzen nahe der Stadtmauer auf.

SEPTEMBER

Oasis Fest: Das wichtigste Festival der Elektromusik fand 2016 zum ersten Mal im Viertel Zemrane, südlich von Agdal, statt. Heute legen namhafte DJs aus der ganzen Welt auf, und das Festival ist zu einem Großereignis geworden. Shuttlebusse bringen dich von Hivernage dorthin. *theoasisfest.com*

OKTOBER

Festival du Livre de Marrakech: Event für Französisch sprechende und lesende Literaturfans. *festivaldulivredemarrakech.com*

DEZEMBER

Festival International du Film de Marrakech: Das internationale Filmfestival ist das wichtigste Festival der Stadt. Eine Woche lang herrscht Hollywoodstimmung, Stars und Sternchen inklusive. *festivalmarrakech.info*

SCHÖNER SCHLAFEN

KLASSISCHE SCHÖNHEIT

Unter all den schönen ⚑ Riads und Palästen, in denen man in Marrakesch übernachten kann, ist das *Maison Arabe (26 Zi. | 1, Derb Assehbé | Bab Doukkala | Tel. 05 24 38 70 10 | la maisonarabe.com | €€€ | 🕮 a2)* das traditionsreichste: ein wunderbares Haus mit insgesamt 26 Zimmern, die auf mehrere Palais aufgeteilt sind. Hier kannst du nicht nur super entspannen, sondern auch toll essen, im Pool schwimmen und dich rundum verwöhnen lassen.

GESCHICHTE AUS 1001 NACHT

In einer kleinen Gasse stehst du plötzlich vor einer Tür, die 300 Jahre alt ist. Du klopfst an und bist mittendrin in der Geschichte von Yela, dem kleinen Mädchen, das dem Riad seinen Namen gab. *Ana Yela (5 Suiten | 28, Derb Zerwal | Tel. 05 24 38 69 69 | anayela.com | €€€ | 🕮 F2)* – Ich bin Yela – heißt das kleine Hotel im Norden der Medina. Jedes Zimmer ist ein Kapitel des Buches, und so zieht sich die Geschichte von Yela wie eine chronologische Abfolge durch das durchgestylte Haus. Alles perfekt: der zentrale Innenhof mit kleinem Pool, auf dem Rosenblätter schwimmen, die in Silber und Beige gehaltenen Zimmer. Wenn du die Geschichte von Yela erfahren möchtest, dann musst du hier einchecken. Für Honeymooner: Wollt ihr auf einem fliegenden Teppich romantisch zu Abend essen? Dann sagt im Riad vorher Bescheid!

GEERDTS' ZUHAUSE

Der deutsche Maler Hans Werner Geerdts lebte hier viele Jahre. In seinem ehemaligen Wohnhaus, das zum Riad *Dar Daoud (52, Rue El Mouassine | Derb el Hammam | Tel. 05 24 38 17 70 | dar-daoud.com | € | 🕮 d2)* umgebaut wurde, hängen vie-

Ja, bitte gern ein Zimmer im Riad Noga mit Blick auf den Pool im Innenhof!

le seiner Bilder – fast immer Menschen auf dem Djemaa el Fna. Bader, die gute Seele des Hauses, bewirtet die Gäste und kocht hervorragend. Wer keins der vier sehr hübschen, schlichten Zimmer ergattert, kann wenigstens zum Essen und Teetrinken hierherkommen und sich am Ambiente und den Bildern erfreuen.

MÄRCHENPALAST

Der schönste Ort auf Erden: Diesen Titel hat schon Winston Churchill dem Hotel ★ *La Mamounia (210 Zi. | Av. Bab Jdid | Tel. 05 24 38 86 00 | mamounia.com | €€€ | 🕮 a5)* gegeben. Die Gästeliste liest sich bis heute wie das Who's who der ganz Großen. Auch wenn du nur in die Lobby möchtest, um dich in diesem beeindruckenden orientalischen Märchenpalast umzusehen, oder den traumhaft schönen Spabereich mit Hammam, Sauna und Massage nutzen willst, musst du schick gekleidet sein – sonst darfst du gar nicht erst rein.

URGEMÜTLICH

Das zauberhafte *Riad Noga (7 Zi. | 78, Derb Jdid Douar Graoua | Tel. 05 24 37 76 70 | riadnoga.com | €€€ | 🕮 e3)* der Deutschen Gaby Noack-Späth ist eins der ältesten der Stadt. Es besteht aus zwei Häusern, von denen das eine mit riesigem Pool im Innenhof überrascht. Die Zimmer sind etwas klein, aber mit allem ausgestattet, was man so braucht. Vor allem aber sind sie sowie das gesamte Riad wunderbar eingerichtet. Die Fenster schließen gut, sodass es hier etwas ruhiger ist als in anderen Riads. Und ist dir nach ein bisschen Detox und Wellness: Das Riad bietet zehntägige Entschleunigungstage an. Klick dich auf der Website durch!

INSIDER-TIPP
Entschlacken in der Medina

ERLEBNIS TOUREN

Lust, die einzigartigen Facetten der Stadt zu entdecken? Dann sind die Erlebnistouren genau das Richtige für dich! Ganz einfach wird es mit der MARCO POLO Touren-App: Die Tour über den QR-Code aufs Smartphone laden – und auch offline die perfekte Orientierung haben.

Nicht ohne meinen Helm: Auf der Place des Ferblantiers sind Mopeds die Kings

Einfach QR-Code scannen und alle Karten & Infos zu unseren Touren auch unterwegs parat haben!

go.marcopolo.de/mak

DIE ERLEBNISTOUREN IM ÜBERBLICK

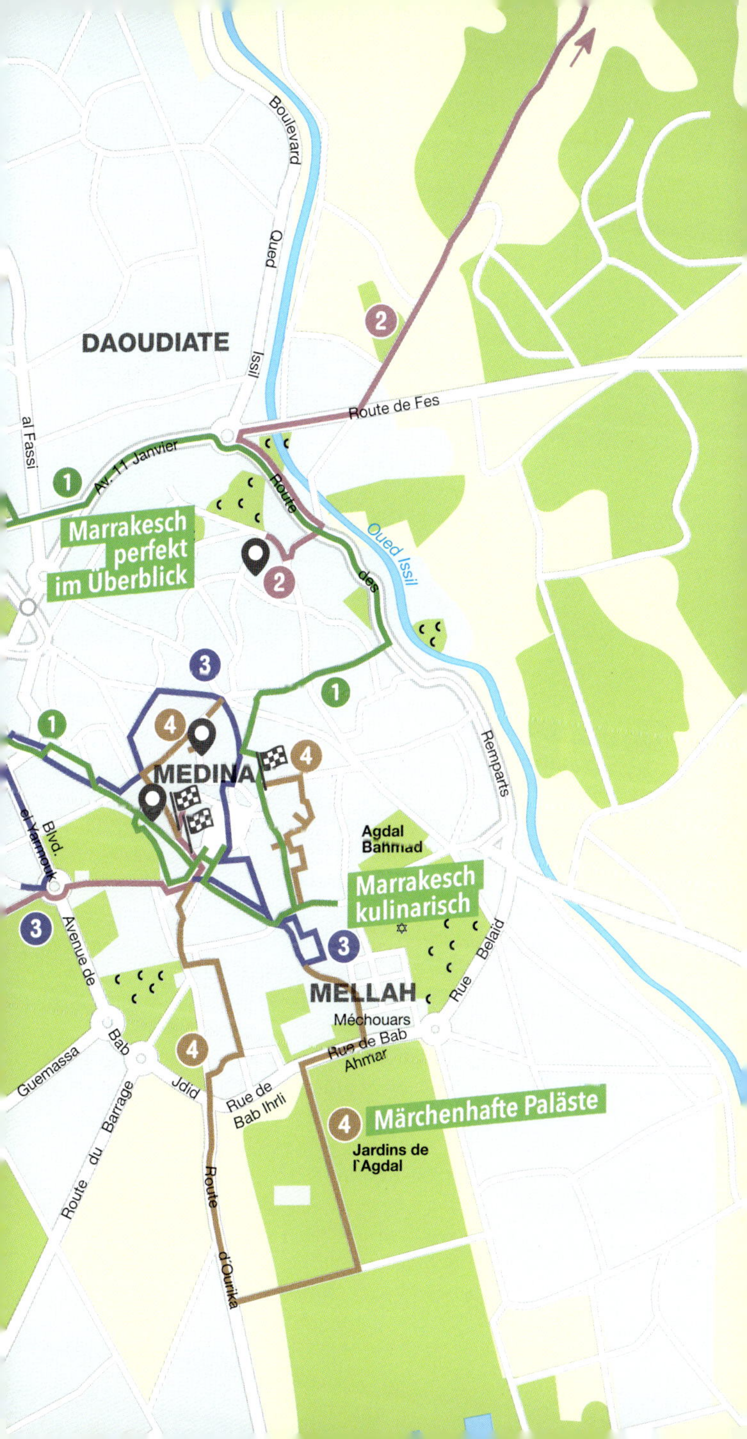

Boulevard
Oued
Issil
DAOUDIATE
al Fassi
Route de Fes
Av. 11 Janvier
Route
des
Remparts
Oued Issil
Marrakesch perfekt im Überblick
MEDINA
Agdal Bahmad
Marrakesch kulinarisch
Blvd. el Yarmouk
Avenue de Bab Guemassa
MELLAH
Méchouars
Rue Belaid
Rue de Bab Ahmar
Jdid
Rue de Bab Ihrli
Märchenhafte Paläste
Jardins de l'Agdal
Route du Barrage
Route d'Ourika

1 MARRAKESCH PERFEKT IM ÜBERBLICK

- Ganz Marrakesch auf einer eintägigen Zeitreise
- Mit dem Taxi von der Altstadt in eine andere Welt
- Der schönste Blick auf Marrakesch und den Hohen Atlas

Café Koutoubia

Djemaa el Fna

ca. 12 km

1 Tag, reine Gehzeit ca. 2 Stunden

Achtung: Unternimm diese Tour weder an einem Dienstag, wenn alle Museen geschlossen sind, noch an einem Freitag, wenn die Läden des Souks nicht geöffnet sind. Sonntags sind die Galerien geschlossen. Nichtmuslime dürfen Moscheen nicht betreten!

1 Café Koutoubia

2 Koutoubia

3 Place des Ferblantiers

4 Palais de la Bahia

5 Rue Riad Zitoun el Jdid

VOM MINARETT ZU DEN STÖRCHEN

Dein Tag beginnt im 1 Café Koutoubia *(tgl. | Blvd. Fatima Zohra)* mit einem frisch geschäumten Café au lait. Wer danach immer noch nicht richtig wach ist, wird spätestens beim Blick auf die gegenüberliegende Moschee 2 Koutoubia ➤ S. 32 große Augen bekommen: Das filigrane Minarett mit seinen Keramikkacheln und goldenen Kugeln auf der Spitze ist ein echter Hingucker. *Vorbei am Jardin du Foucault, schlenderst du zum Djemaa el Fna und biegst nach der Banque el Maghrib rechts ab. Von hier sind es nur rund 900 m zur* 3 Place des Ferblantiers ➤ S. 42, dem idyllischen Platz der Eisenschmiede mit seinen kleinen Cafés und Läden. Siehst du die Störche auf der Stadtmauer? Ganzjährig klappern sie miteinander um die Wette.

REIN INS GEDRÄNGEL, RAUF AUFS DACH

Nur wenige Schritte entfernt taucht der 4 Palais de la Bahia ➤ S. 40 auf. Wenn du dich darin fühlst, als wärst du im Film, liegst du gar nicht falsch, denn die Räume dienten schon in den 1960er-Jahren als Kulisse für das Wüstenepos „Lawrence von Arabien". *Weiter geht es über die* 5 Rue Riad Zitoun el Jdid, vorbei an kleinen

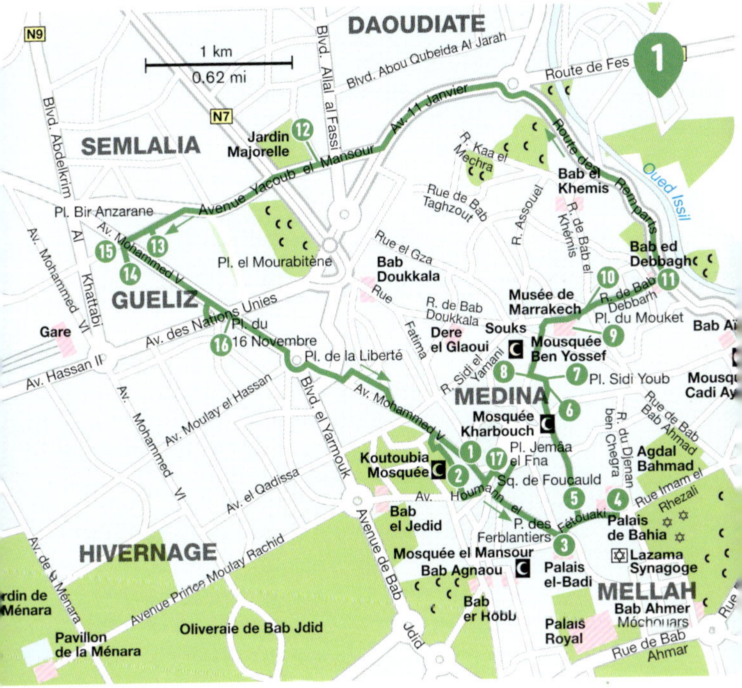

Geschäften und inmitten eines irrsinnigen Gedrängels, *nach Norden. Hast du den Derb Dabachi überquert, kommt linker Hand* das kleine ❻ **Musée du Patrimoine de Marrakech** *(tgl. 9–18 Uhr | Eintritt 30 DH | Facebook: Heritage Museum Marrakech)*. Wenn du dich an den filigran gearbeiteten Schmuckstücken, Textilien und Töpferwaren sattgesehen hast, geht es rauf auf die **Dachterrasse** mit herrlichem Blick auf Marrakesch! Kurz darauf bist du am ❼ **Rahba Kedima** ➤ **S. 35**, den viele Verkaufsstände beleben. Spätestens jetzt hast du dir eine Pause verdient, und zwar im trendigen ❽ **Café des Épices** ➤ **S. 61** mit super Blick auf den Platz.

❻ Musée du Patrimoine de Marrakech

❼ Rahba Kedima

❽ Café des Épices

PRÄCHTIGE PALÄSTE UND EIN ARCHAISCHER ORT

Nutz die Mittagszeit, in der nicht viel los ist, zum Besuch von zwei Palästen, die durch ihre großartige Architektur beeindrucken. *Östlich vom Souk geht es zunächst zum* ❾ **Musée de Marrakech** *(tgl. 9–18.30 Uhr | Ein-*

❾ Musée de Marrakech

tritt 30 DH, als Kombiticket mit Medersa Ben Youssef und Koubba Almoravide 50 DH | Place Ben Youssef, Ecke Rue Baroueddine | museedemarrakech.ma) einem alten Palast mit wunderschöner Schmuck- und Keramiksammlung, und weiter zur prachtvollen Koranschule

⑩ Medersa Ben Youssef

⑩ Medersa Ben Youssef ➤ S. 36. *Danach folgst du der Rue Ibn Lafndek nach Osten in die Avenue Bab el Debbagh.* Kurz vor der alten Stadtmauer der Medina verrichten linker Hand in den

⑪ Tanneries

⑪ Tanneries, den Gerbereien von Marrakesch, Männer ihre Knochenarbeit. Hier ist es ratsam, für 25 DH einen Führer zu buchen. Denn erstens wirst du sonst dauernd von anderen Führern bedrängt, und zweitens findest du den Weg sonst schwer. Den archaischen Ort verlässt du *durch das Stadttor.*

INSIDER-TIPP
Nimm ruhig Hilfe an!

EIN GARTEN IN BLAU UND MODERNE KUNST

⑫ Jardin Majorelle

Mit dem Taxi geht es in 15 Minuten zum **⑫ Jardin Majorelle** ➤ S. 48. Der im wahrsten Sinne des Wortes paradiesische Garten ist berühmt für seine Farbenpracht. Nicht nur in Grün, auch in Blau leuchtet er! Im kleinen **Café** schmeckt ein Snack, dann atmest du noch mal tief den Duft blühender Pflanzen ein. Denn jetzt ruft die City! *Ein Taxi bringt dich nach Guéliz,* wo du dich in das Abenteuer moderne Kunst stürzt. *Zunächst in der Rue des Vieux Marrakchis* in der

⑬ David Bloch Gallery

⑬ David Bloch Gallery ➤ S. 79 und danach *in der Rue de Yougouslavie* in der

⑭ Matisse Art Gallery

⑭ Matisse Art Gallery ➤ S. 79 entführen dich Gemälde, Skulpturen und Installationen marokkanischer und internationaler zeitgenössischer Künstler in das Lebensgefühl des modernen, jungen Marrakesch.

SONNENUNTERGANG ÜBER MARRAKESCH

Zeit für einen Sundowner! *Folge der Rue de Yougouslavie nach Norden bis zum Boulevard Zerktouni.* In der

⑮ Roofbar

⑮ Roofbar im Hotel **La Renaissance** *(tgl. 10.30–2 Uhr | Blvd. Zerktouni, Ecke Av. Mohammed V | renaissance-hotel-marrakech.com)* sitzt du hoch über den Dächern von Marrakesch und siehst hinter dem Hohen Atlas die Sonne untergehen. Ist das letzte Zipfelchen Gold verschwunden, solltest du es wie die Marokkaner halten:

Flanier die Avenue Mohammed V ➤ *S. 45 nach Süden bis zur* ⑯ **Place du 16 Novembre**. Auf dem Platz ist halb Marrakesch auf den Beinen, um zu sehen und gesehen zu werden. Hast du genug vom lebhaften Treiben, *läufst du 15 Minuten geradeaus weiter, bis es links zum Djemaa el Fna geht.*

⑯ Place du 16 Novembre

SCHLANGENBESCHWÖRER UND GARKÜCHEN

Hörst du Tröten und Trommeln, siehst du Rauchschwaden von Essenständen emporsteigen, und riechst du den Duft von frisch Gebratenem? Dann bist du im Herzen von Marrakesch angekommen, auf dem ⑰ **Djemaa el Fna** ➤ **S. 30**. In dieser einzigartigen Atmosphäre aus Schlangenbeschwörern und Akrobaten, Wunderheilern und fliegenden Händlern folgst du einfach deiner Nase und findest die Garküche nach deinem Geschmack. Schöner als inmitten dieses Spektakels kannst du den Tag nicht ausklingen lassen.

⑰ Djemaa el Fna

❷ AUF DEM DRAHTESEL DURCH DIE STADT

- ➤ Radeln durch das marokkanische Beverly Hills
- ➤ Großartige Architektur sehen: Mix aus Moschee und Oper
- ➤ Zwischen Olivenbäumen Rast einlegen

Bab el Khemis

Hôtel Les Jardins de la Koutoubia

27 km

6 Stunden, reine Fahrzeit ca. 2 Stunden

Mitnehmen: Badezeug, Sonnenschutz
Freitags sind die wenigsten Autos unterwegs, für Kleinkinder ist die Tour aber nie geeignet. Starte früh, denn es gibt wenig Schatten. Sonntags ist der Supermarkt geschlossen.
Fahrräder kannst du etwa bei **Marrakech Mountainbike** *(Av. Hassan II | Tel. 05 24 43 59 11 | marrakechmountainbike.com)* mieten.

① Bab el Khemis

② Palmeraie

③ Paloozaland

④ Supermarché Marjane

⑤ Patisserie Aymane

VON DER OASE ZU DEN DINOS

Ausgerechnet an einem der belebtesten Tore der Stadt, am ① Bab el Khemis ➤ S. 37, startet die Tour. Keine Sorge, *es geht nur 650 m auf der Route de Fès, dann biegst du links in die Route des Jardins de la Palmeraie und gelangst zum Oasengürtel* ② Palmeraie, dem Beverly Hills von Marrakesch mit seinen großen Anwesen und schicken Hotels. Vorbei am Oued Tensift, *nimmst du am Kreisel die zweite Ausfahrt geradeaus. Nach 3 km biegst du links in einen Feldweg ein, der ins Wohnviertel Douar Sraghna führt. Sobald du auf den Boulevard Allal Al Fassi stößt,* siehst du das ③ Paloozaland ➤ S. 49, einen kleinen Freizeitpark. Im Schatten trinkst du Kaffee mit Blick auf die Dinos.

PICKNICK UNTER OLIVENBÄUMEN

Direkt daneben deckst du dich im ④ Supermarché Marjane mit Käse, Tomaten und Oliven für ein tolles Picknick ein. Weiter geht es *am Kreisel geradeaus und dann gleich rechts.* Vorbei an Bäumen, kleinen Villen und der sehr zu empfehlenden ⑤ Patisserie Aymane – wo du unbedingt ein fri-

INSIDER-TIPP
Kalorien für müde Radler

Eine Fata Morgana? Nein, der Jardin Ménara mit seinem großen Wasserbassin

sches Brot sowie köstliches Gebäck kaufen solltest! –, gelangst du zur *Route de Safi. Von hier kommst du über den Boulevard Abdelkrim al Khattabi* zum ❻ Gare de Marrakech ➤ S. 46. Wirf auf jeden Fall einen Blick in die prächtige Bahnhofshalle, eine Mischung aus orientalischer und moderner Architektur, und gleich gegenüber in das extravagante ❼ Théâtre Royal ➤ S. 45, einen spannenden Mix aus Moschee und Oper. *Vorbei am Hotel Les Idrissides, radelst du jetzt gen Süden und biegst in der Avenue Moulay Hassan rechts ab. Nach genau 1 km erreichst du dann den* ❽ Jardin Ménara ➤ S. 51, ein herrliches Stück Land voller Olivenbäu-

❻ Gare de Marrakech

❼ Théâtre Royal

❽ Jardin Ménara

me und mit einem großen Wasserbassin. Pack dort dein Picknick aus, und lass die Füße ins Wasser baumeln. Mit etwas Glück ist auch der **Pavillon** geöffnet, und du genießt von dort den weiten Blick auf den Hohen Atlas.

AB IN DEN POOL!

Es ist heiß geworden, doch die letzte Etappe deiner Radtour ist nur noch kurz. *Du durchfährst den Park bis zum südlichen Ende, biegst nach links ab und gelangst durch die Oliveraie und das Bab Djdid zum Djemaa el Fna* ➤ *S. 30*. Endstation! Hast du jetzt Lust auf eine Abkühlung? Dann spring in den großen und schönen Pool des am Gauklerplatz gelegenen **9 Hôtel Les Jardins de la Koutoubia** (*tgl.* | *lesjardinsdelakoutoubia.com*), den du auch als Nichthotelgast nutzen kannst. Und lass dich im Wasser treiben! Eine wahre Wohltat für die müden Radlerbeine.

9 Hôtel Les Jardins de la Koutoubia

3 MARRAKESCH KULINARISCH

- ➤ Eintauchen in die Welt von Tajine und Couscous
- ➤ Süße Sünden: wo es die besten Marzipanteilchen gibt
- ➤ Gut gewürztes Essen zu heißen Rhythmen

Amal-Center — Jad Mahal

ca. 14 km — 1 Tag, reine Gehzeit 2 Stunden

Kosten: ca. 100 Euro pro Person für die Kursgebühr (Erwachsene 35 Euro, Kinder 20 Euro), Taxifahrten, Essen & Trinken

1 Amal-Center: Melde dich zum Kochkurs vorher unbedingt unter *Tel. 05 24 44 68 96* an (freitags finden keine Kurse statt).
Die Läden der Medina sind freitags immer geschlossen.
9 Al Fassia: Das Restaurant ist montags geschlossen, unbedingt vorher reservieren unter *Tel. 05 24 43 40 60*.

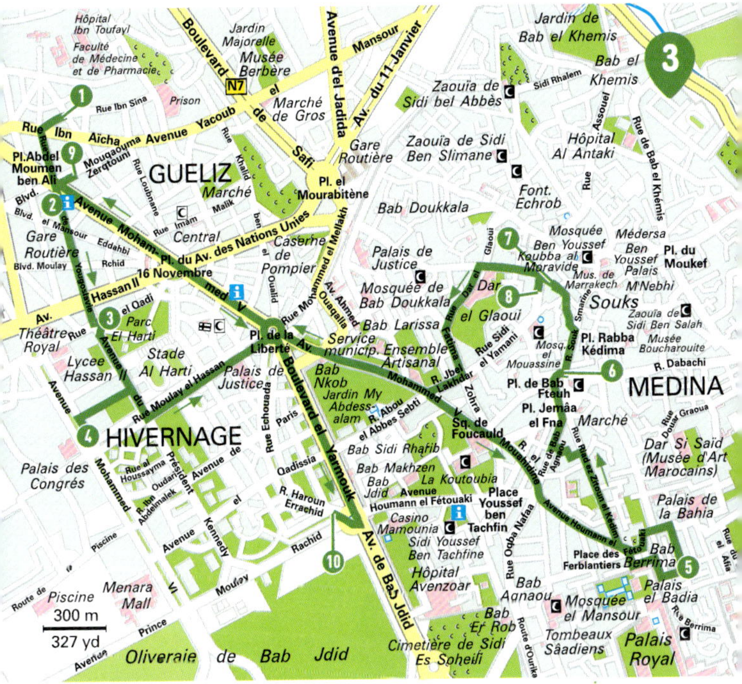

ERST KOCHEN, DANN GEMEINSAM ESSEN

① Amal-Center

Mit dem Kochkurs geht's gleich los: Im ① Amal-Center *(Rue Allal Ben Ahmed, Ecke Rue Ibn Sina | Guéliz | amal nonprofit.org)*, einem Projekt für alleinerziehende Marokkanerinnen, lernst du auf Englisch oder Französisch in kleinen Gruppen, ein typisch marokkanisches Mittagessen zu kochen. Am Herd zauberst du zusammen mit anderen Tajine, Couscous oder eine Bastilla. Eine tolle Gelegenheit, mit einheimischen Frauen ins Gespräch zu kommen!

BUMMELN, SCHLUMMERN UND SCHLECKEN

② Rue de Yougouslavie

③ Parc el Harti

Ein Verdauungsspaziergang führt dich durch die ② Rue de Yougouslavie mit ihren vielen Läden und Galerien. Im Szeneviertel Hivernage ➤ S. 45 hältst du anschließend im ③ Parc el Harti im Schatten der Bäume ein Nickerchen. Lust auf ein Eis? Nicht weit von hier, in der Avenue Mohammed VI ➤ S. 46, liegt eine der

❹ Café Glacier Hivernage

❺ Marché du Mellah

❻ Oliven- und Harissastände

❼ Souk Cherifa

besten Eisdielen Marokkos. Gönn dir ein paar Kugeln im ❹ **Café Glacier Hivernage**!

JAGD NACH GEWÜRZEN, OLIVEN, GEBÄCK

Jetzt ist Shoppen angesagt! *Nimm ein Taxi zum* ❺ **Marché du Mellah**. Es riecht zwar ein wenig streng nach lebenden Hühnern, aber bessere Gewürze als hier findest du nirgends in der Stadt. *Danach läufst du über die Rue Riad Zitoun el Kdim zum Djemaa el Fna ➤ S. 30.* Gegenüber vom Café de France, *gleich rechts vor dem Souk Semmarine*, findest du die besten ❻ **Oliven- und Harissastände** von ganz Marrakesch. Voll beladen mit Tüten, heißt es jetzt Kurs auf den ❼ **Souk Cherifa** nehmen. Wenn du im Gassengewirr nicht weiterweißt: einfach jemanden nach dem Weg fragen. Denn er lohnt sich: In der **Patisserie des Terrasses des Épices** kannst du dich mit hervorragendem marokkanischem Gebäck eindecken. Das Kilo *Cornes des Gazelles* kostet zwar rund 20 Euro – doch die süßen Leckereien sind das wert. Ein tolles Mitbringsel! Gut verpackt halten die Marzipanhörnchen ein paar Wochen.

Tough time: Nur Frauen haben im Toprestaurant El Fassia das Sagen

ZARTES LAMM UND KALORIEN ABTANZEN BEI LIVEMUSIK

❽ Café Arabe

❾ Al Fassia

❿ Jad Mahal

Gleich um die Ecke links liegt das ❽ **Café Arabe ➤ S. 87** mit seiner Rooftopbar. Nach einem Aperitif hoch über den Dächern der Medina *nimmst du ein Taxi (350 m von hier beim Dar el Bacha gibt es viele) und lässt dich ins beliebte Ausgehviertel* **Guéliz** *fahren.* In Marrakeschs bestem Restaurant, dem ❾ **Al Fassia ➤ S. 66**, solltest du unbedingt die butterzarte Lammschulter bestellen, dazu verschiedene Salate und köstlichen Rotwein. *Ein Taxi bringt dich anschließend in den hippen Club* ❿ **Jad Mahal ➤ S. 90**. Livemusik heizt dort die Stimmung an, bis es dich vom Barhocker reißt, mitten auf die Tanzfläche!

4 MÄRCHENHAFTE PALÄSTE

- Mit der Kutsche in eine Zauberwelt fahren
- Kunsthandwerk in royalem Ambiente genießen
- Sich in Dampfschwaden verwöhnen lassen

Dar Cherifa

Hammam Mille et une Nuit

10 km

6 Stunden, reine Gehzeit 1 ½ Stunden

Mitnehmen: Karotte fürs Kutschpferd, großes Handtuch und Wäsche zum Wechseln

Mittwochs ist das 1 **Dar Cherifa** geschlossen, dienstags sind es die Museen.

Handel den Preis der Kutsche vorher aus (ca. 15 Euro) und leg die Route fest!

Das Essen im 8 **Riad Noga** vorher reservieren unter *Tel. 05 24 37 76 70*, die Massage im 9 **Hammam Mille et une Nuit** unter *Tel. 05 24 44 30 79*.

MINZTEE SCHLÜRFEN UND KUTSCHE FAHREN

1 Dar Cherifa

Genieß einen köstlichen *thé à la menthe* im 1 Dar Cherifa ➤ S. 39, einem wunderschönen Wohnpalast aus dem 17. Jh. *Auf der Rue Mouassine hältst du dich links, gleich noch mal links und beim Boulevard Fatima Zahra zum dritten Mal links.* Am 2 Parkplatz der Kutschen steigst du in eins der Gefährte, in dem sich früher Paschas und Könige chauffieren ließen. Keine Scheu, die Tiere werden gut behandelt! Und los geht's.

2 Parkplatz der Kutschen

DURCH DAS ALTE PALASTVIERTEL

3 Kasbah

Vorbei am Königspalast, gelangst du durch das Bab Agnaou ➤ S. 44 in das alte Palastviertel 3 Kasbah ➤ S. 43. *Durch die Rue Kasbah lässt du dich zum Bab Ksiba kutschieren. Du verlässt die Medina, und fährst entlang der alten Stadtmauer zu den Jardins de l'Agdal ➤ S. 45. Ist der König in Marrakesch, fährt die Kutsche durch die Route d'Agdal, sonst durch den Garten.* Beim 4 Palais

4 Palais El Badi

El Badi ➤ S. 42 gibst du dem Pferd die Karotte und dem Fahrer ein Trinkgeld. Wie hier einst die Paschas von Marrakesch lebten, erahnst du bei einem Streifzug durch die Ruinen der maurischen Palastanlage.

UND NOCH MEHR PALÄSTE ...

5 Dar Tiskiwin

6 Dar Sidi Said

7 Riad Slitine

8 Riad Noga

Nächster Stopp ist das 5 Dar Tiskiwin ➤ S. 40. Wirf zumindest einen längeren Blick in dieses schöne Altstadthaus, das die Privatsammlung des Anthropologen Bert Flint beherbergt, und *folge dann den Hinweisschildern zum Palast* 6 Dar Sidi Said *(Mi–Mo 9–16.30 Uhr | Eintritt 70 DH)*. Lass dir Zeit, um die schönsten Stücke aus der Teppichsammlung zu bewundern. *Jetzt weiter geradeaus, dann links, und du bist in der Rue Riad Zitoun el Jdid.* Im 7 Riad Slitine *(riad-slitine.com)*, einem Gästehaus, das in einem zauberhaften Palast aus dem 17. Jh. untergebracht ist, kannst du im Innenhof die Decke mit feinsten Schnitzereien bewundern.

INSIDER-TIPP
Tee mit Stil

Und einen Tee trinken. In dem Ambiente schmeckt er fabelhaft. Aber iss dort nichts! Denn *jetzt geht es erst links, dann rechts und wieder links* zum 8 Riad Noga

Praktisches und Schönes: Sammelsurium an Alltagsgegenständen im Dar Tiskiwin

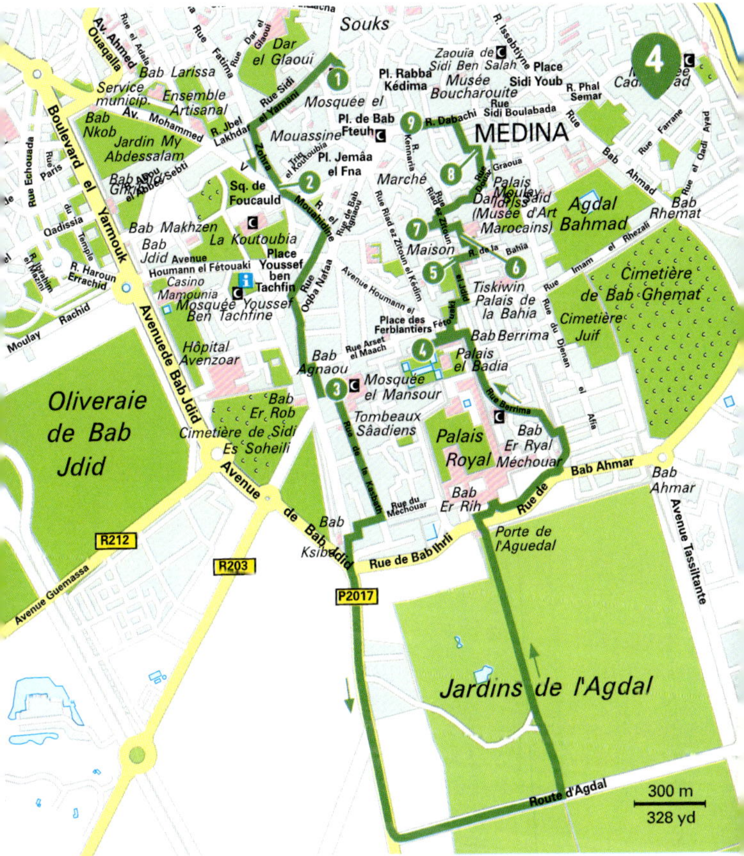

(Essen nur auf Vorbestellung | 78, Derb Jdid Douar Graoua | riadnoga.com | €€). Die Küche im toll restaurierten Palast ist gut, der Blick vom Dach noch besser.

PASCHAFEELING IM DAMPFBAD

Erschöpft? Lass den Nachmittag entspannt ausklingen. *Lauf zurück zum Parkplatz, dann links und gleich wieder links. Wenn du der Gasse nach Norden bis zum Derb Dabachi folgst, geht es links zum* **9 Hammam Mille et une Nuit** *(tgl. 9–20 Uhr | Derb Dabachi | spa-hammam 1001nuits.com).* In den Nebelschwaden des Dampfbads lässt du dich gekonnt durchkneten..

9 Hammam Mille et une Nuit

GUT ZU WISSEN

DIE BASICS FÜR DEINEN STÄDTETRIP

ANKOMMEN

ANREISE

Direktflüge gibt es mit *Lufthansa (lh.de)* und *Royal Air Maroc (royalairmaroc.com)* von diversen deutschen Flughäfen aus (ab 350 Euro retour). Außerdem fliegen *Ryanair (ryanair.com)* ab Frankfurt-Hahn, Karlsruhe, Memmingen und Düsseldorf-Weeze mehrmals wöchentlich direkt nach Marrakesch (ab 29 Euro einfach) sowie *Easyjet (easyjet.com)* ab Berlin (auch ab 29 Euro pro Strecke). Weitere Fluglinien, die Marrakesch direkt anfliegen: *Swiss (swiss.com)* und *Eurowings (eurowings.com)*.

INSIDER-TIPP
Kleiner Grenzverkehr

Wer in der Nähe zur belgischen oder holländischen Grenze wohnt, sollte unbedingt ab Flügen von dort schauen – die sind meist viel günstiger als von Deutschland aus.

Nach der Landung in Marrakesch kann man sich entweder ein Taxi in die Altstadt nehmen *(je nach Verkehr*

– 1 Stunde Zeitverschiebung

Marrakesch liegt gegenüber Mitteleuropa in der Sommerzeit um eine Stunde zurück. Da in Marokko ganzjährig Sommerzeit herrscht, gibt es im Winter keine Zeitverschiebung. Während des Ramadans im Sommer werden die Uhren noch einmal umgestellt, damit das Fastenbrechen am Abend schneller möglich ist. Dann sind es zwei Stunden Zeitunterschied zu Deutschland. Da die Marokkaner immer wieder mal die Zeiten verändern, ist es ratsam, vor der Reise auf die Weltuhr zu schauen.

Warme Luft, Palmen, blauer Himmel: Du bist angekommen!,

ca. 15–30 Min. | Preis Verhandlungssache, ca. 70–100 DH) oder in den Bus Nr. 19 direkt vor dem Flughafengebäude steigen *(im 30-Min.-Takt 6.30–22.30 Uhr | 3 DH pro Fahrt)*, der ca. 20 Min. zur Koutoubia braucht. Oder du lässt dich von deiner Unterkunft abholen: Die meisten bieten einen Flughafenservice für 15 bis 25 Euro pro Fahrt an.

EINREISE

Marrakesch kann ohne Visum besucht werden. Du brauchst aber einen Reisepass, der noch mindestens sechs Monate nach dem anvisierten Ausreisedatum gültig ist. Die maximale Aufenthaltsdauer beträgt 90 Tage. Kinder benötigen einen eigenen Reisepass.

KLIMA & REISEZEIT

Nach Marrakesch kannst du das ganze Jahr über reisen. Im Sommer (Mitte Juni bis Mitte September) kann es richtig heiß werden. Rechne mit durchschnittlich 35 Grad. Im Winter hingegen wird es tagsüber kaum wärmer als 20 Grad, Frost gibt es aber nur sehr selten. Achtung: Während der Hochsaison zu Weihnachten, an Neujahr sowie zu Ostern können die Zimmerpreise um 25 Prozent hoher sein!

MOBIL SEIN

GRAND TAXI

Grand Taxi sind Sammeltaxis, die Ziele in der nahen Umgebung von Marrakech anfahren. Sie haben feste Abfahrtsplätze und fahren los, wenn alle sechs Plätze verkauft sind. Wer ein Grand Taxi für einen Tag oder eine bestimmte Strecke chartern möchte, muss entweder alle sechs Plätze bezahlen oder einen Preis verhandeln. Die Grand Taxis in Richtung Hoher Atlas fahren südlich des Djemaa el Fna ab, in den Seitenstraßen schräg gegenüber vom Hotel Tazi am Ende der Fußgängerzone. Grand Taxis nach Essaouira fahren ab dem Bab Doukkala.

MIETRÄDER

Natürlich gibt es auch Mieträder über Reiseagenturen, aber viel leichter ist es, über *Medina Bike* an ein Rad zu kommen. An zwölf Fahrradstationen kannst du Räder ausleihen und wieder abgeben, etwa an der Koutoubia-Moschee, an der Place des Ferblantiers, am Jardin Majorelle sowie in Guéliz und Hivernage. Weitere Haltestellen von *Medina Bike* sind in Planung. Die ersten 30 Minuten sind kostenlos, jede angefangene Stunde danach kostet 10 DH, ein Tagespass 50 DH, ein Wochenpass 150 DH. Du musst dich vorher registrieren, das geht am einfachsten über *medinabike.ma*. Bezahlt wird mit Kreditkarte.

MIETWAGEN

Es wäre unsinnig, einen Mietwagen für die Stadt zu buchen, doch wer einen Tagesausflug oder einen Zwei-Tages-Ausflug machen möchte, kann es sich durchaus überlegen. Sehr zu empfehlen ist die Agentur *Ait Benkhoya Cars (Tel. 0664569295 | carrentalinmarrakech.com)*. Sie vermietet gute Autos, fast alle neu und gepflegt, zu sehr fairen Konditionen. Die Preise sind niedrig, das beste aber ist der Service. Hassan oder seine Mitarbeiter bringen den Mietwagen zum Hotel oder zu einem der Parkplätze nahe der Unterkunft. Doch Vorsicht! Der Verkehr in Marrakesch ist mörderisch, und man sollte auf jeden Fall über einige Fahrerfahrung verfügen, wenn man sich durch den Großstadtdschungel mit einem Pkw wagen möchte! Außerhalb der Stadt fährt es sich zwar leichter, aber fehlende Beleuchtung (nach Sonnenuntergang) und Tiere, Kinder oder alte Menschen auf der Fahrbahn machen die Fahrt zum Abenteuer.

ÖFFENTLICHE VERKEHRSMITTEL

Es gibt ein gutes Stadtbusliniennetz *(alsa.ma)*. Die unbequemen und stets vollen Busse fahren zwar nicht zu festen Zeiten, aber häufig und bis mindestens 22 Uhr *(Ticket 3 DH)*. Vier Buslinien sind für Touristen relevant. Sie starten alle an der Avenue Mohammed V gegenüber der Koutoubia-Moschee: N 1 fährt nach Guéliz, N 8 an den Busbahnhof am Bab Doukkala und von dort zum Bahnhof, N 11 zum Jardin Ménara und N 13 zum Jardin Majorelle.

STADTTOUREN

Wer mit einem offiziellen Führer durch die Stadt laufen möchte, kann dies über die meisten Riads, Hotels oder das Touristenbüro in Guéliz buchen (ab 30 Euro pro Tag). Allerdings wird die erwünschte Besichtigungstour bei den meisten Stadtführern zur Provisions-Einkaufstour. Es gibt aber natürlich auch löbliche Ausnahmen. Eine davon ist *Mustapha Arbia (Tel. 0666590310)*, allerdings verlangt er auch etwas mehr für eine Besichtigung (ab 40 Euro). Zudem bietet ein Touristen-City-Bus *(alsa.ma/fr/bus-touristique)*, ein roter Doppeldecker, zwei

Routen an. Die Tickets sind 24 oder 48 Stunden gültig *(145 bzw. 165 DH)*, und man kann beliebig oft ein- und aussteigen.

Tolle Touren in die Umgebung von Marrakesch, z. B. mit Mittagessen bei Einheimischen, oder eine eintägige Geländewagentour im Hohen Atlas veranstaltet außerdem Mohammed Ouaba von *Marrakech Around Tours (Tel. 0667461403 | marrakech-around-tours.com)*. Er ist günstig und sehr zuverlässig, was man längst nicht von allen Agenturen sagen kann.

Einstündige Rundflüge über Marrakesch und den nahen Hohen Atlas im Heißluftballon für ca. 200 Euro pro Person (inkl. Abholung vom Hotel und Einkehr) kannst du bei *Ciel d'Afrique (Tel. 0524432843 | cieldafrique.info)* buchen.

TAXI

Es gibt Tausende von Taxis, die alle über ein Taxameter verfügen, das angeschaltet werden muss. Das ist natürlich nicht im Sinne der Taxifahrer, die sich bei Touristen auch häufig weigern, dies zu tun. Deshalb lieber gleich verhandeln: Innenstadtstrecken sollten nicht mehr als max. 20 bis 25 DH kosten, wenn es in weitere Gebiete geht, dürfen es auch mal 30 DH sein.

VOR ORT

FEIERTAGE

1. Jan.	Neujahr
1. Mai	*Aid asch-Schughl* (Tag der Arbeit)
12. Mai 2021	*Aid al-Fitr*
2. Mai 2022	*Aid al-Fitr*
21. April 2023	*Aid al-Fitr* (Zuckerfest am Ende des Ramadans)
30. Juli	*Aid al-Arasch* (Thronfest)
21. Aug.	*Aid al-Schabab* (Fest der Jugend)
20. Juli 2021	*Aid al-Adha*
9. Juli 2022	*Aid al-Adha*)
28. Juni 2023	*Aid al-Adha* (Opferfest)
6. Nov.	*Aid al-Masira* (Tag des Grünen Marsches)
18. Nov.	*Aid al-Istiqlal* (Tag der Unabhängigkeit)

GELD, BANKEN & KREDITKARTEN

Geld in Banken zu wechseln ist kompliziert und dauert lange. Aber überall in der Stadt gibt es Wechselstuben, wo du problemlos Cash bekommst – auch am Wochenende. Wer lieber sein Geld am Automaten zieht, kann dies inzwischen auch an fast jeder Bank. Geldautomaten gibt es etwa südlich des Djemaa el Fna sowie entlang der Avenue Mohammed V in Guéliz. Problemlos funktionieren EC-Karten mit dem Maestro-Zeichen, auch Kreditkarten funktionieren, können aber eventuell hohe Kosten mit sich bringen (erkundige dich am besten bei deiner Bank!). Mit Kreditkarten bezahlen geht nur in manchen Hotels sowie in wenigen Restaurants und Clubs.

INTERNETZUGANG & WLAN

In den meisten Hotels, Riads und Cafés gibt es WLAN (*wifi* in Marokko genannt). Der Zugang ist in der Regel kostenlos, eventuell musst du nach dem Passwort *(mot de passe* oder *code wifi)* fragen. Im *Cyber Parc Arsat Moulay Abdeslam* zwischen Guéliz und Medina ist WLAN kostenlos. Den besten Empfang hast du direkt hinter dem Telekom-Pavillon. Wer einen Drucker braucht oder einen Bildschirm, kann kostengünstig für ein paar Dirham ein Internetcafé in der Innenstadt aufsuchen („Cyber Café" oder „Espace Internet").

WAS KOSTET WIE VIEL?

Kaffee	ab 70 Cent *für einen Café au Lait*
Bier	ab 2,30 Euro *für ein Glas (0,3 l)*
Schuhe	ab 6 Euro *für ein Paar Babouches*
Taxi	ab 1,40 Euro *für eine Fahrt von der Medina nach Hivernage*
Essen	ab 4,50 Euro *für eine Tajine*
Tuch	ab 1,80 Euro *für ein Schasch*

ÖFFNUNGSZEITEN

In Marokko gibt es keine festen Ladenöffnungszeiten. Dienstags sind die meisten Museen geschlossen (außer das *Musée Yves Saint Laurent,* das ist mittwochs geschlossen), am Freitag haben zumindest in der Medina die ausgesprochenen Touristengeschäfte der Souks offen. Am Sonntag hingegen haben die Läden in der Neustadt Ruhetag. Behörden haben samstags und sonntags geschlossen, am Freitag haben sie meist eine längere Mittagspause. Und in der Mittagszeit ist es überall wie ausgestorben – denn da hält, wer kann, eine Siesta. Nutz also die Mittagsstunden zur Besichtigung, denn dann hast du fast alle Museen und Paläste für dich.

POST

Postämter *(Mo–Do 8.30–12 Uhr, Fr 8.30–11.30 und 15–18 Uhr, im Ramadan kürzer)* gibt es etwa am Djemaa el Fna *(📖 c4)* und in Guéliz an der Place du 16 Novembre gegenüber dem Marrakech Plaza *(📖 C4)*. Postkarten und Briefe nach Europa kosten 7 DH und sind ein bis vier Wochen unterwegs.

SPRACHE

Wer in Marrakesch ist, kommt fast immer mit Englisch durch. Natürlich haben es alle leichter, die außerdem Französisch sprechen. Doch das erwartet heute niemand mehr von einem Gast. Viele Marokkaner können inzwischen auch ein paar Brocken Deutsch, sodass man auf jeden Fall gut durchkommt. Allerdings ist es ein Ritterschlag für jeden Touristen, wenn er ein paar Brocken Marokkanisch kann (ein arabischer Dialekt, der sich stark von der Hochsprache unterscheidet). So manche Tür öffnet sich und so manches Lächeln wird in ein Gesicht gezaubert, wenn man zumindest ein paar freundliche Worte auf Marokkanisch von sich geben kann …

STROM

Üblich sind 220 Volt. Adapter sind nicht notwendig.

TELEFON & HANDY

Die Telefongebühren in Marrakesch und Umgebung sind für ausländische Handys extrem hoch. Es lohnt sich deshalb, eine marokkanische SIM-Karte zu benutzen, zumal es sie kostenlos am Flughafen gibt, z. B. bei *INWI*, deren Stand direkt bei den Gepäckbändern liegt. Auch *Ittisalat al Maghreb (Maroc Telecom)* sowie *Méditel* verschenken bisweilen marokkanische Handynummern mit 50 DH Startguthaben. So kann man kostenlos angerufen werden und zahlt selbst nur einen Bruchteil, zumindest dann, wenn man nicht nach Deutschland telefoniert.

Vorwahl Deutschland: *00 49*, Österreich: *00 43*, Schweiz *00 41*, Marokko *00 212*. Innerhalb von Marokko muss immer die Ortsnetzkennzahl mitgewählt werden, auch innerhalb derselben Stadt. Die Vorwahl von Marrakesch ist *05 24*. Beginnt eine Telefonnummer mit 06, ist es immer ein Handyanschluss.

TOILETTEN

Kein appetitliches, aber ein wichtiges Thema: Mach dich darauf gefasst, dass öffentliche Toiletten in Marrakesch fast immer dreckig sind. Geh daher besser in ein Restaurant und lass ein paar Dirham als Trinkgeld liegen. Toilettenpapier ist in Marokko nur dort üblich, wo auch viele Touristen unterwegs sind. Meist bekommt man es dann gegen eine kleine Gebühr von der Toilettenfrau überreicht. Die Einheimischen wischen sich mit der linken (unreinen) Hand ab, die danach mit Seife gewaschen wird. Deshalb isst man in Marokko immer nur mit der rechten Hand und reicht auch nur diese zur Begrüßung. Zum Saubermachen stehen ein Wassereimer sowie ein Wasserhahn zur Verfügung. Sollte es Toilettenpapier geben, wirf es nicht in die Toilette, sondern in den dafür bereitgestellten Abfalleimer. Waschbecken und Seife befinden sich außerhalb der Toilette. Da aber die Seife von eben jener Hand benutzt wird, die vorher … du weißt schon …, nimmst du dir am besten deine eigene Seife in einer kleinen Box mit. Sie gehört, ebenso wie feuchte Tücher oder Ähnliches, in jede Handtasche.

MAROKKANISCH FÜR UNTERWEGS

Ja	Na'am
Nein	Laa
Danke	Schukron
Bitte	Laa Schukron alla Wadschib
Geht es gut?	Labass?
Es geht gut, Gott sei Dank.	Labass al Hamdulillah.
Auf Wiedersehen!	Bislaama!
Ich heiße …	Ismii …
Was kostet das?	Sch-Haal Hasi?
Das ist sehr teuer.	Raali bsaaf.
Ich möchte …	Briiti …
Ein wenig	Schwiiya
Gut	Mesyaan
Schön	Swiin

TRINKGELD

Marokkaner sind auf Trinkgeld angewiesen – denn in vielen Cafés und

Restaurants ist dies ihr einziger Lohn. Üblich sind in Restaurants zehn Prozent des Rechnungsbetrags. Trinkt man nur einen Kaffee oder Tee, rundet man meist einfach auf (z. B. 7 DH + 3 DH = 10 DH). Bei Taxifahrten kannst du etwas großzügiger sein. Wenn es 18 DH kostet, darf man ruhig 25 DH geben. Kofferträger im Hotel erwarten pro Gepäckstück 5–10 DH – je nachdem, wie schwer es ist, Zimmermädchen rechnen mit rund 20 DH pro Tag pro Zimmer.

Natürlich können auch weitere Dienstleistungen mit einem Trinkgeld belohnt werden: Wer dir den Weg zeigt, kann mit 10–20 DH belohnt werden, Parkwächter bekommen 5–10 DH zusätzlich zur Parkgebühr), Kutschfahrer 20 DH mehr als ausgemacht, Stadtführer und Chauffeure bei Tagesausflügen je nach Zufriedenheit bis zu 50 DH.

ZOLL

Alle elektronischen Geräte sowie Autos und Motorräder, die man ins Land einführt, muss man auch wieder ausführen. Verboten ist die Einfuhr von Pornografie und Rauschgift. Zollfrei einführen darfst du 200 Zigaretten, 1 l Spirituosen und 50 ml Parfum. 1000 marokkanische Dirham dürfen ein- bzw. ausgeführt werden.

Bei der Rückkehr in die EU darfst du 200 Zigaretten, 1 Flasche alkoholische Getränke (egal ob Wein oder Spirituosen) und sonstige Waren im Wert von 430 Euro zollfrei mitnehmen. Ausfuhrverbot besteht nur bei Antiquitäten. Wer außerdem kunsthandwerkliche Produkte oder Teppiche in großen Mengen ausführt, sodass der Verdacht besteht, dass damit Handel betrieben wird, muss die Ware bei der Einreise nach Europa im Heimatland verzollen.

NOTFÄLLE

DIPLOMATISCHE VERTRETUNGEN

Weder Deutschland, Österreich noch die Schweiz sind in Marrakesch diplomatisch vertreten. Du musst dich daher an die Vertretungen in Rabat wenden.

DEUTSCHE BOTSCHAFT

7, Rue Madnine | BP 235 | Rabat | Tel. 05 37 21 86 00 | rabat.diplo.de

ÖSTERREICHISCHE BOTSCHAFT

2, Zankat Tiddas | BP 135 | Rabat | Tel. 05 37 76 40 03 oder 05 37 76 16 98 | bmeia.gv.at/oeb-rabat

SCHWEIZER BOTSCHAFT

Sahat Berkane | BP 169 | Rabat | Tel. 05 37 26 80 30/31/32 | eda.admin.ch/rabat

GESUNDHEIT

Schließ am besten eine Auslandskrankenversicherung vor der Reise ab, da die deutschen Krankenkassen keine Kosten vor Ort übernehmen. Das Leitungswasser hat zwar angeblich Trinkwasserqualität, doch aufgrund immer wieder auftretender Hepatitis-B-Vorfälle ist es besser, nur gefiltertes Wasser oder Mineralwasser aus Flaschen zu trinken. Auch Obst solltest du entweder schälen oder mit Mineralwasser waschen.

Falls du während deiner Reise krank wirst und ärztliche Hilfe benötigst: In Marrakesch praktizieren ein paar hervorragende Ärzte sowie eine deutsche Allgemeinmedizinerin, die in Guéliz ihre Praxis hat. Dr. Gertrud Michaelis *(7, Rue Ibn Sina | Tel. 05 24 44 83 43 | C3)* vermittelt auch gerne an Fachärzte weiter.

Außerdem kannst du in die beiden folgenden hervorragenden privaten Kliniken gehen: *Polyclinique du Sud (Rue Yougoslavie | Guéliz | Tel. 05 24 44 79 99 | C3), Clinique Ibn Toufail (Quartier de l'Hopital | Guéliz | Tel. 05 24 43 80 11 | C3).*

NOTRUFE

Polizei: *Tel. 1 19*

Notfall-Hotline rund um die Uhr: *Tel. 05 24 40 40 40*

Ambulanz: *Tel. 05 24 44 37 24* (kann aber sogar mit Blaulicht manchmal Stunden dauern)

POLIZEI

Die Touristenpolizei, die *Brigade Touristique*, befindet sich südlich der Koutoubia-Moschee in der Rue Sidi Mimoun *(c5)*.

SICHERHEIT

Marokko ist das sicherste Land Nordafrikas. Dafür sorgen die marokkanische Polizei und der marokkanische Geheimdienst. Außerdem bemüht sich der König mit seiner volksnahen Politik darum, dass es weniger soziale Missstände im Land gibt als in den meisten Nachbarstaaten – damit fällt die Hauptursache für Terrorismus und Fundamentalismus weg. Kleinkriminalität ist in Marokko seltener als z. B. in Südeuropa.

WETTER IN MARRAKESCH

Hauptsaison
Nebensaison

	JAN.	FEB.	MÄRZ	APRIL	MAI	JUNI	JULI	AUG.	SEPT.	OKT.	NOV.	DEZ.
Tagestemperaturen	18°	20°	22°	23°	27°	31°	36°	35°	32°	27°	22°	19°
Nachttemperaturen	6°	7°	9°	11°	14°	16°	20°	20°	18°	14°	10°	6°
Sonnenschein Stunden/Tag	7	8	8	9	10	10	10	10	10	8	8	7
Niederschlag Tage/Monat	7	7	5	4	1	0	0	1	1	3	4	6

Sonnenschein Stunden/Tag   Niederschlag Tage/Monat

SPICKZETTEL FRANZÖSISCH

SMALLTALK

ja/nein/vielleicht	oui/non/peut-être	ui/nong/pöhtätr
bitte	s'il vous plaît	ßil wu plä
danke	merci	märßih
Gute(n) Morgen!/Tag!/ Abend!/Nacht!	Bonjour!/Bonjour!/ Bonsoir!/Bonne nuit!	bongschuhr/ bongschuhr/bongßoar/ bonn nüi
Hallo!/Tschüss!/Auf Wiedersehen!	Salut!/Salut!/Au revoir!	ßalü/ßalü/o rövoar
Ich heiße …	Je m'appelle …	schö mapäll …
Ich komme aus …	Je suis de …	schö süi dö …
Entschuldigung!	Pardon!	pardong
Wie bitte?	Comment?	kommang
Das gefällt mir (nicht).	Ça (ne) me plaît (pas).	ßa (nö) mö plä (pa)
Ich möchte …	Je voudrais …	schö wudrä
Haben Sie?	Avez-vous?	aweh wu

ZEIGEBILDER

ESSEN & TRINKEN

Die Speisekarte, bitte.	La carte, s'il vous plaît.	la kart ßil wu plä
Könnte ich bitte … haben?	Puis-je avoir … s'il vous plaît?	püischö awoar … ßil wu plä
Flasche/Karaffe/Glas	bouteille/carafe/verre	buteij/karaf/wär
Messer/Gabel/Löffel	couteau/fourchette/ cuillère	kutoh/furschät/ küijär
Salz/Pfeffer/Zucker	sel/poivre/sucre	ßäl/poawr/ßükr
Essig/Öl	vinaigre/huile	winägr/üil
Milch/Sahne/Zitrone	lait/crème/citron	lä/kräm/ßitrong
mit/ohne Eis/ Kohlensäure	avec/sans glaçons/ gaz	awäk/ßang glaßong/ gaß
Vegetarier(in)	végétarien(ne)	weschetarijäng/ weschetarijänn
Ich möchte zahlen, bitte.	Je voudrais payer, s'il vous plaît.	schö wudrä pejeh ßil wu plä

NÜTZLICHES

Wo ist …?/Wo sind …?	Où est …?/Où sont …?	u ä …/u ßong …
Wie viel Uhr ist es?	Quelle heure est-il?	käl ör ät il
heute/morgen/gestern	aujourd'hui/demain/ hier	oschurdüi/dömäng/ jähr
Wie viel kostet …?	Combien coûte …?	kombjäng kuht …
Wo finde ich einen Internetzugang/WLAN?	Où puis-je trouver un accès à internet/wi-fi?	u püische truweh äng akßä a internet/wifi
Hilfe!/Achtung!	Au secours!/Attention!	o ßökuhr/attangßjong
Fieber/Schmerzen	fièvre/douleurs	fiäwrö/dulör
Apotheke/Drogerie	pharmacie/droguerie	farmaßi/drogöri
offen/geschlossen	ouvert/fermé	uwär/färmeh
gut/schlecht	bon/mauvais	bong/mowä
links/rechts/geradeaus	à gauche/à droite/ tout droit	a gohsch/a droat/ tu droa
Panne/Werkstatt	panne/garage	pann/garahsch
Fahrplan/Fahrschein	horaire/billet	orär/bije
0/1/2/3/4/5/6/7/8/9/ 10/100/1000	zéro/un, une/deux/ trois/quatre/cinq/six/ sept/huit/neuf/dix/ cent/mille	sero/äng, ühn/döh/ troa/katr/ßänk/ßiß/ ßät/üit/nöf/diß/ßang/ mil

MARRAKESCH FEELING

ZUM EINSTIMMEN & AUSKLINGEN

LESESTOFF & FILMFUTTER

DER GLÜCKLICHSTE MENSCH DER WELT

Tahir Shah erzählt märchenhaft-poetisch von seiner Reise nach Marrakesch, bei der er „die Geschichte seines Herzens" finden will (2011).

MARRAKESH

Der gleichnamige Roman von Esther Freud wurde mit Kate Winslet in der Hauptrolle verfilmt (1998). Erzählt wird die Geschichte einer Frau, die mit ihren kleinen Töchtern von London nach Marrakesch reist. Anfangs scheint alles wie ein exotischer Traum, doch bald holt sie die Realität ein.

EXIT MARRAKESH

In Charlotte Links Film (2013) geht es um eine schwierige Vater-Sohn-Beziehung. Obwohl Marrakesch und die Wüste eher nur als Kulisse dienen, vermittelt der Film viele eindrucksvolle Bilder der Stadt und ihrer Umgebung.

DIE STIMMEN VON MARRAKESCH

Elias Canettis ungewöhnlicher Reisebericht aus den 1950er-Jahren über seine Begegnungen mit Menschen in Marrakesch. Unglaublich lebendig erzählt!

PLAYLIST QUERBEET

0:58

CLAUDE CHALLE – FLYING CARPET
Clubmix des bekanntesten Marrakescher Szene-DJs. Der Club ist geschlossen, die Musik aber lebt.

FNAÏRE – NGOUL MALI
Moderner Pop-Rap der Band aus Marrakesch

CHEB DOUZI – BIKHTISSAR
Der marokkanische Rai-Sänger singt gefällig im algerischen Rai-Stil (= moderne Musik mit eigener Meinung) über die schmerzhafte Trennung von seiner Freundin.

BILAL AFRICANO – CH3ANDEK (FEAT. MUSLIM)
In fast allen Songs des marokkanischen Rappers geht es politisch zu.

HINDI ZAHRA – AHIWA
Rauchige Stimme, jazzig-afrikanische Musik: Hindi Zahra singt auf Marokkanisch, Englisch oder in der Berbersprache Tamazight.

Den Soundtrack zum Urlaub gibt's auf **Spotify** unter **MARCO POLO Morocco**

Oder Code mit Spotify-App scannen

AB INS NETZ

MAROCMAMA.COM
Blog einer amerikanischen Muslima, die mit ihrer Familie in Marrakesch lebt. Amanda schreibt über ihren Alltag als Mutter von zwei Kindern, über marokkanisches Essen und natürlich über ihre Wahlheimat Marrakesch.

MOROCCOTRAVELBLOG.COM
Der ausführliche Travelblog bietet unglaublich viele und gute Informationen zu Marokko und Marrakesch – auch weit über die üblichen Reisetipps hinaus, und wird regelmäßig aktualisiert. Spannend.

MARRAKECHLIFE.JIMDOFREE.COM
In ihrem Blog berichtet die Deutsche Nora Jacobs über die Stadt, in der sie hin und wieder wohnt. Sie beschreibt nicht nur das Leben vor Ort, sondern stellt auch Riads, Restaurants und Cafés vor.

MARRAKECH CITY WALK
Kostenlose App, in der Rundwege in der Stadt mit Kilometerangaben vorgestellt werden und die Informationen zu den einzelnen Sehenswürdigkeiten bereitstellt.

TRAVEL PURSUIT

DAS MARCO POLO URLAUBSQUIZ

Weißt du, wie Marrakesch tickt? Teste hier dein Wissen über die kleinen Geheimnisse und Eigenheiten von Stadt und Leuten. Die Lösungen findest du in der Fußzeile. Und ganz ausführlich auf den S. 20–25.

❶ Welcher Film wurde zum Großteil in Marrakesch gedreht?

a) „Babel"
b) „Die Mumie"
c) „Alexander"

❷ Als was präsentieren sich die Geisterbeschwörer der Stadt?

a) als Ärzte
b) als Mönche
c) als Gaukler

❸ Wem gehören die Straßen der Stadt?

a) den Kindern
b) den Polizisten
c) den Mopedfahrern

❹ Was genau bedeutet das Wort Berber?

a) Stammeln
b) Einheimischer
c) Friseur

❺ Wie heißt der König von Marokko im Volk?

a) M5
b) M6
c) M7

❻ Warum wird Marrakesch auch die Berbercity genannt?

a) Weil viele Einwohner berberische Wurzeln haben
b) Weil hier Berberitzen wachsen
c) Weil hier viele Berberaffen leben

Wer verkauft hier wohl typische Berberkleidung? Richtig: ein Berber!

❼ Was ist eins der großen Probleme in Marrakesch?

a) Korruption
b) Hochwasser
c) Stromausfälle

❽ Wofür werden so viele Einwegspritzen auf dem Djemaa el Fna gebraucht?

a) für öffentliche Impfungen, die das Gesundheitsministerium hier regelmäßig durchführen lässt
b) für Hennamalereien auf Frauenhänden
c) für Kinder, wenn es heiß ist, als Spritzpistolen

❾ Seit wann ist der König an der Macht?

a) seit 2014
b) seit 2008
c) seit 1999

❿ Welcher der folgenden Stars hat ein eigenes Hotel in Marrakesch?

a) Angelina Jolie
b) Cristiano Ronaldo
c) Nicole Kidman

⓫ Wer ist Fatima-Zahra Mansouri?

a) die erste Frau, die Bürgermeisterin von Marrakesch wurde
b) die Ehefrau des Königs
a) die Gewinnerin von Morocco's Next Top Model 2020

REGISTER

LOB ODER KRITIK? WIR FREUEN UNS AUF DEINE NACHRICHT!

Trotz gründlicher Recherche schleichen sich manchmal Fehler ein. Wir hoffen, du hast Verständnis, dass der Verlag dafür keine Haftung übernehmen kann.

MARCO POLO Redaktion • MAIRDUMONT • Postfach 31 51
73751 Ostfildern • info@marcopolo.de

Impressum
Titelbild: Riad Enija Hotel (Schapowalo: S. Scatà)
Fotos: M. Brunswig-Ibrahim (131); huber-images: J. Banks (72/73), B. Cossa (12/13), P. Giocoso (48/49), H. P. Huber (11), M. Ripani (55), A. Saffo (14/15, 17), S. Scatà (62), R. Schmid (56/57), J. Wlodarczyk (4); Laif: L. 69 (100/101), M. Gumm (61, 78, 82/83), G. Hänel (112), L. Jaeckel (70), L. Jaekel (9, 32/33, 81), T. Linkel (66), M. Renaudeau (26/27), Siemers (98/99); Laif/Aurora: J. Norton (52/53); Laif/Hemis.fr.: L. Montico (94/95); Laif/Le Figaro Magazine (39); Laif/Polaris: P. Oliosi (96/97); mauritius images: G. Rossenbach (25); mauritius images/age fotostock: J. Wlodarczyk (128/129); mauritius images/Alamy: D. M. Balate (Klappe vorne außen, Klappe vorne innen/1), C. Castilla (108), A. Christiani (88), O. Rehmann (10), C. Rinzler (44), J. Wlodarczyk (8); mauritius images/Alamy/Andfoto (2/3, 116/117); mauritius images/Alamy/Jam World Images: D. Santiago Garcia (35); mauritius images/Alamy/Travelwide (46); mauritius images/Aurora Photos: D. Santiago Garcia (21); mauritius images/Hemis.fr: S. Sonnet (65); mauritius images/Imagebroker: M. Wolf (40); mauritius images/Imagebroker/KFS (43); mauritius images/John Warburton-Lee: M. Abreu (36); mauritius images/White Star/Imagebroker: M. Gumm (92/93); Schapowalow/4Corners: T. White (6/7); Schapowalow/SIME: G. Cipriani (22), P. Giocoso (126/127), S. Torrione (91); T. Stankiewicz (69, 77, 87, 114)

2. Auflage 2021, komplett überarbeitet und neu gestaltet

Autorin: Muriel Brunswig
Redaktion: Karin Liebe
Bildredaktion: Gabriele Forst
Kartografie: © MAIRDUMONT, Ostfildern (S. 102–103, 105, 109, 111, 115, Umschlag innen, Umschlag außen, Faltkarte); © MAIRDUMONT, Ostfildern, unter Verwendung von Kartendaten von OpenStreetMap, Lizenz CC-BY-SA 2.0 (S. 28–29, 31, 34, 41, 47, 50, 58–59, 74–75, 84–85)
Als touristischer Verlag stellen wir bei den Karten nur den De-facto-Stand dar. Dieser kann von der völkerrechtlichen Lage abweichen und ist völlig wertungsfrei.
Gestaltung Cover, Umschlag und Faltkartencover: bilekjaeger_Kreativagentur mit Zukunftswerkstatt, Stuttgart; Gestaltung Innenlayout: Langenstein Communication GmbH, Ludwigsburg
Spickzettel: in Zusammenarbeit mit PONS GmbH, Stuttgart
Konzept Coverlines: Jutta Metzler, bessere-texte.de

Printed in China

FSC www.fsc.org MIX Paper from responsible sources FSC® C124385

MARCO POLO AUTORIN
MURIEL BRUNSWIG
Als unsere Autorin 1997 das erste Mal nach Marrakesch kam, war sie komplett überfordert von all den Geräuschen und Gerüchen. Doch inzwischen hat die Marokko-Expertin, Reiseveranstalterin und Sachbuchautorin *(murielbrunswig.de* oder *tourserail.com)* auch ihre Familie angefixt und taucht jedes Jahr in diesen Traum aus 1001 Nacht.

BLOSS NICHT!

FETTNÄPFCHEN UND REINFÄLLE VERMEIDEN

MENSCHEN UNGEFRAGT FOTOGRAFIEREN

Wenn du einfach drauflosknipst, kann das ganz schön ins Geld gehen oder zu Handgreiflichkeiten führen. Marokkaner lassen sich nicht gerne fotografieren. Also: Lieber vorher fragen und ggf. einen Preis aushandeln.

FALSCHE KLEIDUNG TRAGEN

Wer leicht bekleidet in kurzen Hosen und ärmellosem T-Shirt durch die Souks läuft, wird von Einheimischen nicht ernst genommen. Sie outen sich sofort als Greenhorns, die man locker über den Tisch ziehen kann.

SICH IN LÄDEN SCHLEIFEN LASSEN

Ganz gleich, ob sie diplomierte Guides sind oder als falsche Guides auftreten, die meisten Stadtführer haben vor allem eins im Sinn: den Touristen in einen Laden zu bringen, damit er dort etwas kauft und der Führer seine Provision kassieren kann. Also lieber aufgepasst und sofort klären, dass man das nicht will!

OFFEN KNUTSCHEN

Offene Zärtlichkeitsbekundungen zwischen Mann und Frau oder Hand-in-Hand-Gehen sind in Marokko tabu. Wer gar knutscht oder fummelt, kann von der Sittenpolizei aufgegriffen werden.

OHNE KLEINGELD ZAHLEN

Stell dich darauf ein, dass Marokkaner niemals Münzgeld dabei haben. Wer kleine Summen mit einem großen Schein bezahlt, muss warten, bis der Verkäufer Wechselgeld geholt hat. In Taxis haben Fahrer machmal gar kein Kleingeld.